Kochen rund um die Welt

ITALIEN

LINDA DOESER

Kochen rund um die Welt
ITALIEN

p

Entwurf und Realisation: The Bridgewater Book Company Ltd.

Parragon
Queen Street House
4 Queen Street
Bath BA1 1HE, UK

Übersetzung aus dem Englischen: Nina Thelen, Köln
Redaktion: Das Redaktionsbüro, Köln
Satz: Satzbüro Noch, Balve
Koordination: Antje Seidel, Köln

ISBN 1-40542-476-1
Printed in Indonesia

HINWEISE

- Sofern die Schale von Zitrusfrüchten benötigt wird, verwenden Sie unbedingt unbehandelte Früchte.
- Sind Zutaten in Löffeln angegeben, ist immer ein gestrichener Löffel gemeint. Ein Teelöffel entspricht 5 ml, ein Esslöffel 15 ml.
- Sofern nichts anderes angegeben ist, wird Vollmilch (3,5 % Fett) verwendet.
- Pfeffer sollte stets frisch gemahlener schwarzer Pfeffer sein.
- Bei Eiern und einzelnen Gemüsesorten, z. B. Kartoffeln, verwenden Sie mittelgroße Exemplare.
- Kinder, ältere Menschen, Schwangere, Kranke und Rekonvaleszenten sollten auf Gerichte mit rohen oder nur leicht gegarten Eiern verzichten.
- Die angegebenen Zeiten können von den tatsächlichen leicht abweichen, da je nach verwendeter Zubereitungsmethode und vorhandenem Herdtyp Schwankungen auftreten.

Inhalt

Gemüse & Salate 190

Desserts, Gebäck & Getränke 226

Register 254

EINLEITUNG

Oft heißt es – und dies nicht zu Unrecht –, die italienische Kochkunst lasse sich mit zwei Worten beschreiben: saisonal und regional. Es gibt jedoch noch einen weiteren, allgemeineren Aspekt, der das Wesen dieser wundervollen Küche ausmacht: die sprichwörtliche Liebe der Italiener zu guten Dingen und natürlich zu gutem Essen. Das Kochen lernen Italiener bereits in jungen Jahren. Rezepte und Techniken werden von Generation zu Generation weitergegeben, und schon die Kinder lernen, gutes Essen zu schätzen – sei es ein Teller Nudeln *al dente* mit einer schlichten Sauce aus frisch geernteten, sonnengereiften Tomaten, ein langsam geschmorter, herzhafter Rinderbraten oder ein vollkommener Meeresfrüchterisotto.

Italiener sind praktisch von Natur aus Feinschmecker, und das, gepaart mit italienischer Herzlichkeit und Lebensfreude, macht Essen in Italien zu einem unvergesslichen Erlebnis. Italiener lieben ihr Essen, und kaum etwas bereitet ihnen mehr Freude, als es mit Familie und Freunden zu teilen. Mit offenen Armen empfangen sie die reichen Ernten des Landes, des Meeres, der Flüsse und Seen. Es sind Geschenke der Natur, dazu da, genutzt und genossen zu werden. Kein Toskaner käme auf die Idee, eine fettarme Alternative zu dem wahrscheinlich besten Olivenöl der Welt zu benutzen, das in seiner Heimat produziert wird. Kein Neapolitaner zählt die Kalorien in seiner Pasta. Und dass die Römerinnen zu den stilvollsten und kultiviertesten Frauen der Welt gehören, hält sie bestimmt nicht davon ab, sich mit gesundem Appetit über eine Portion *Saltimbocca* herzumachen.

Dazu ist das italienische Essen ausgesprochen gesund. Gemüse und Obst spielen eine große Rolle. Wertvolle Kohlenhydrate in Form von Nudeln, Reis, Polenta und Brot fehlen zu keiner Mahlzeit, ob zu Hause oder im Restaurant. Olivenöl, aus der italienischen Küche nicht wegzudenken, besitzt einen hohen Anteil an einfach ungesättigten Fettsäuren, die als cholesterinsenkend gelten. Vielfalt – sowohl innerhalb einer Mahlzeit als auch von Jahreszeit zu Jahreszeit – ist der Schlüssel und der klassische Weg zu einer gesunden Ernährung. Der gelegentliche ausgiebige Genuss von Sahne, Butter, Käse, Fleisch und anderen Nahrungsmitteln, die Diät-freaks und Gesundheitsapostel in Alarmbereitschaft versetzen, gehört schlicht zur Lebensart der Italiener und ist Teil ihres natürlichen Gleichgewichts.

Kochen mit den Jahreszeiten

Weil Italiener ihre Nahrungsmittel achten, legen sie Wert auf höchste Qualität. Obwohl Artischocken oder Pfirsiche dank moderner Transport- und Kühltechnik heute das ganze Jahr über erhältlich sind, kaufen sie lieber Produkte der Saison, die, wenn möglich, in der Region angebaut werden. Hier kennt man noch das besondere, heute oft vergessene Erlebnis, die neue Ernte zu testen: zarte junge Erbsen im Frühsommer, saftige Trauben im Herbst oder den knackigen Biss des Winterfenchels.

In kleineren Städten und Dörfern kauft man täglich auf dem Markt ein. Was heute auf den Tisch kommt, entscheidet sich nach eingehender Prüfung der Auslagen: Nur was absolut perfekt aussieht, riecht und sich auch so anfühlt, wird gekauft. Selbst in der Hektik der Großstadt kauft man Obst, Gemüse und Fisch selten auf Vorrat. Und auch wenn die Jahreszeit für ein Produkt stimmt, bleibt es liegen, wenn es den hohen Qualitätsansprüchen nicht genügt oder die richtige Reife noch nicht erreicht hat. Zum Mittag- oder Abendessen gibt es dann eben etwas anderes. Einkaufszettel dienen höchstens als Anregung, und jede Änderung wird mit Freude begrüßt. Der entscheidende Moment der Menüplanung findet in Italien wahrscheinlich am Gemüsestand statt.

Die Bedeutung saisonaler und regionaler Produkte hat gemeinsam mit höchsten Qualitätsansprüchen den Stil der italienischen Küche nachhaltig geprägt. Schlichtheit ist das Stichwort: Der Geschmack der Zutaten wird nicht durch aufwändige Saucen, willkürliche Kombinationen oder grelle Garnierungen übertüncht. Fisch zum Beispiel wird oft lediglich mit ein paar Kräutern bestreut, gegrillt und anschließend mit ein paar Tropfen Olivenöl und einer Zitronenscheibe serviert – doch der Fisch ist frisch gefangen, die Kräuter kommen direkt aus dem Garten, das Olivenöl schmeckt herrlich aromatisch, und die Zitrone ist fast noch warm von der Sonne, in der sie gereift ist. Die Spaghetti zu Mittag kommen vielleicht bloß mit einer simplen Tomatensauce auf den Teller – doch der Nudelteig ist am Morgen erst geknetet worden, die Tomaten hingen noch vor Stunden am Strauch, und der Parmesan, frisch über die Nudeln gerieben, ist nach eifersüchtig gehüteten Rezepten einer Jahrhunderte alten Käsetradition hergestellt.

Regionale Vielfalt

Das Land Italien, erst Königreich, dann Republik, ist keine 150 Jahre alt. Bis Mitte des 19. Jahrhunderts bestand Italien aus autonomen Regionen und Stadtstaaten, deren Grenzen in vielerlei Hinsicht nie wirklich verschwunden sind. „Den Italiener" gibt es nicht, heißt es in Italien. Man betrachtet sich als Römer, Venezianer, Toskaner, Neapolitaner, Florentiner und so weiter. Jede Region legt ihren Söhnen und Töchtern einen flammenden Patriotismus in die Wiege. Die Menschen sind stolz auf ihre Traditionen und Gebräuche, ihre Architektur, Geschichte, Landschaft – und Küche. Der Lokalpatriotismus erfasst sogar einzelne Städtchen und Dörfer innerhalb einer Region, und dieser *Campanilismo* führt zu beachtlichen Rivalitäten.

Als eine Folge dieser starken lokalen Verbundenheit ist die italienische Küche mehr als jede andere in Europa regional verwurzelt geblieben. Und die Gewohnheit der Italiener, Produkte aus der nächsten Umgebung zu kaufen, verstärkt die unterschiedlichen Stilrichtungen noch. Doch bedeutet das keineswegs, die Küche des Landes wäre in der Vergangenheit verhaftet. Ständig werden neue Gerichte erfunden und traditionelle

Gondeln auf dem Canale Grande in Venedig

Trotz des Ideenaustauschs bleibt die italienische Küche ihren charakteristischen regionalen Wurzeln treu

Rezepte variiert, gerade in den Kulturmetropolen wie Rom, Mailand, Venedig und Bologna. Über alle Innovation vergessen die Italiener jedoch nie ihre kulinarische Tradition.

Die offensichtlichste kulinarische Grenze verläuft zwischen dem Norden und dem Süden des Landes, teils geografisch, teils historisch und kulturell bedingt. Die Milchbauern im kühleren, feuchteren Norden produzieren Butter, Sahne und Käse, die in der norditalienischen Küche Verwendung finden. Reis und Mais werden ebenfalls weithin angebaut, daher isst man in Piemont, der Lombardei, Venetien und Ligurien viel Risotto und Polenta. Der Süden dagegen ist die Heimat von Pasta, Oliven und Olivenöl, Tomaten, Auberginen und Zitrusfrüchten. Einst war diese unsichtbare kulinarische Grenze unüberwindbar, bis die findigen Toskaner begannen, Restaurants im Süden zu eröffnen und ihre Spezialitäten zu exportieren: Steak *(Bistecca)*, Bohnengerichte und den herrlichen Chianti Classico. Andere Regionen folgten ihrem Beispiel, und im Gegenzug lernte der Norden *Mozzarella di bufala* und Ziegenkäse kennen, Pizza und Marsala, den kräftigen Likörwein aus Sizilien.

Trotz des regen Ideenaustauschs bleibt die italienische Küche ihren charakteristischen regionalen Wurzeln treu. Das heißt natürlich nicht, dass man in Mailand keine Spaghetti bekäme oder in Kalabrien keinen Schinken. Doch Italiener hängen sehr viel stärker an ihren traditionellen regionalen Gerichten als die meisten Europäer und würden nie auf sie verzichten.

In den Cafés und Restaurants auf der Piazza del Campo in Siena können die Gäste draußen sitzen und gutes Essen in der Sonne genießen.

Eine Reise durch Italien ist immer auch eine kulinarische Entdeckungsreise ... Jede Provinz pflegt ihren eigenen Kochstil und ihr eigenes Repertoire an Gerichten

Die Regionen

Eine Reise durch Italien ist immer auch eine kulinarische Entdeckungsreise. Die Nord-Süd-Teilung ist nur der Anfang der Geschichte. Jede Provinz pflegt ihren eigenen Kochstil und ihr eigenes Repertoire an Gerichten – und rühmt sich selbstverständlich der besten Küche des Landes.

In den nördlichsten Regionen zeugen gehaltvolle Suppen und Knödel vom österreichischen und Tiroler Einfluss, vor allem in Südtirol. Flüsse und Seen im Trentino liefern frischen Fisch in Hülle und Fülle, und in den Bergen wird Wild gejagt. Einfache Fleisch-, Innereien- und Pastagerichte bietet die gesamte Region. Deftige Eintöpfe sind eine Südtiroler Spezialität.

Im Nordwesten liegt am Fuße der Alpen Piemont, das selbst eher wie eine Gebirgsenklave wirkt. Im nebelverhangenen Herbst pilgern reiche Gourmets aus aller Welt hierher, um die unvergleichlichen weißen Trüffeln zu kosten. Ihr zartes Aroma parfümiert ganze Räume, und am besten schmecken sie frisch gehobelt über Pasta oder Risotto. Eine weitere klassische Zubereitungsart findet sich in einer Pastasauce mit Butter, Knoblauch, Sahne und Sardellen. Wild, zum Beispiel Hase, gibt es reichlich, und im kalten Winter lässt man sich am besten von kräftigen Schmorgerichten wärmen, zu denen fast immer Polenta gereicht wird. Das klassische Rind in Barolo, einem der besten Piemonteser Rotweine, hält auch dem Vergleich mit *Bœuf Bourguignon* stand, und tatsächlich hat die Region enge Verbindungen zum benachbarten Frankreich. Piemont ist auch das größte Reisanbaugebiet Italiens. *Bagna cauda*, eine scharfe Knoblauch-Sardellen-Sauce zum Stippen von Gemüse, ist eine regionale Spezialität. Die Hauptstadt Turin ist für ihre Süßigkeiten, Kuchen und Desserts berühmt, die oft mit den heimischen Haselnüssen zubereitet werden. Piemonts kleinster Alpennachbar, das Aostatal, ist die Heimat des Fontina, eines köstlichen Käses, dessen Verwendung an ein Schweizer Fondue erinnert.

Friaul im Nordosten und Venetien, die Region um Venedig, bieten herrliche Meeresfrüchte und vorzügliche Risottos. Das überraschend simple *Risi e bisi* (s. S. 102), eine venezianische Spezialität, eröffnete das jährliche Festmahl des Dogen am Tag des Heiligen Markus. Ebenfalls aus Venedig kommt die auf der Zunge zergehende *Kalbsleber in agrodolce*, einer süß-sauren Sauce aus Wein und Balsamico-Essig. Zu Fisch und Fleisch wird in der Regel Polenta gereicht; Pasta ist weniger üblich. Der Schinken aus San Daniele im Friaul, so sagen manche, sei noch zarter als der berühmtere aus Parma. Cotechino, eine Schweinskochwurst, gehört nicht weniger nach Venetien als in die Emilia-Romagna. Eine Spezialität sind auch die feinen Zitronenplätzchen namens *Bacioli*, obwohl die Region ansonsten nicht für ihre Süßspeisen bekannt ist.

In der Lombardei, Zentrum der nördlichen Regionen, mischen sich die kulinarischen Einflüsse: Frankreich, Österreich, sogar Spanien und natürlich Venetien fließen hier zusammen. Die Milchprodukte sind unübertroffen, daher ersetzt Butter das Olivenöl, und Pasta wird stets mit einer Sahnesauce serviert. Doch ist es vor allem der Käse, der die Lombardei auszeichnet – Taleggio, Stracchino, Mascarpone, Ribiola, Grana Padano und, einer der ganz großen Käse, Gorgonzola werden hier hergestellt. Genau wie Venetien beansprucht die Lombardei für sich, den Risotto erfunden zu haben, und *Risotto alla milanese* (s. S. 98) ist weltberühmt.

Die Kolonnaden des Petersplatzes in Rom, erbaut von Bernini für Papst Alexander VII.

Seite 15/16: *Abendrot über den Dächern von Florenz. In der toskanischen Stadt genießt man gutes Essen am besten mit einer Flasche Chianti.*

ALEXANDER·VII·PONT·MAX

Er wird stets zusammen mit dem anderen Klassiker aus Mailand gereicht, *Ossobuco,* einer saftigen Kalbshaxe in Wein geschmort und mit *Gremolata* garniert, einer Würzmischung aus Petersilie, Zitronenschale und Knoblauch. Rind und Kalb sind die beliebtesten Fleischsorten der Region, aus der der luftgetrocknete Rinderschinken Bresaola stammt. Schweinefleisch wird kaum weniger gegessen, und *Pancetta*, Wurst und Salami haben alle ihren Platz in lombardischen Spezialitäten. Zu den Süßspeisen gehören *Panettone*, ein Weihnachtskuchen aus Mailand, und *Tiramisù* mit dem heimischen Mascarpone.

Die ligurische Küste ist bekannt für ihre Vielfalt an Fisch und Meeresfrüchten, während im Inland der Region schmackhaft gewürzte, gefüllte Gerichte gereicht werden. Der alte Hafen von Genua war ein Eingangstor für den Gewürzhandel, was sich im kulinarischen Erbe Liguriens widerspiegelt. Am besten bekannt ist Genua jedoch wahrscheinlich für seinen Pesto, eine Mischung aus frischem Basilikum, Knoblauch, Pinienkernen, Olivenöl und Parmesan. So sehr schwören die Genueser auf ihr Basilikum, heißt es, dass sie nie ohne einen Vorrat der heimischen Pflanze verreisen. Basilikum und andere frische Kräuter finden reichlich Verwendung in der ligurischen Küche und würzen selbst den Nudelteig.

Focaccia, ein Fladenbrot, ist in Ligurien sehr beliebt und wird als Beilage oder in Form von Sandwiches gegessen. Es wird traditionell im Holzofen gebacken, oft mit Schinken, Käse, Oliven, sonnengetrockneten Tomaten, Zwiebeln oder Kräutern. Italienische Bäcker backen riesige, mehrere Kilogramm schwere Laibe, die sie dann in handlicheren Stücken verkaufen. Fast ebenso beliebt sind Gnocchi, kleine, nudelartige Klößchen, die kurz in leicht gesalzenem kochendem Wasser gegart und anschließend mit Olivenöl beträufelt, in geriebenem Parmesan geschwenkt oder mit Sahnesauce serviert werden. Wie in ganz Norditalien bereitet man Gnocchi hier traditionell aus Kartoffeln und ein

Der Schiefe Turm von Pisa in der Toskana

wenig Mehl zu, doch lassen sie sich auch aus Grießmehl herstellen.

Die Emilia-Romagna, eigentlich zwei recht unterschiedliche Gebiete, die zu einer Verwaltungseinheit zusammengefasst wurden, ist ein Paradies für Feinschmecker. Nicht nur die Architektur der Hauptstadt Bologna reicht bis ins Mittelalter zurück, sondern auch der Ruf ihrer Küche. Die Region besitzt großen landwirtschaftlichen Reichtum. Die fruchtbaren Böden der Po-Ebene liefern Weizen, Tomaten, Reis, Mais, Obst und Gemüse. Auf den Weiden grasen Rinder, und überall auf dem Land werden Schweine gezüchtet. Besonders für drei Erzeugnisse ist die Emilia-Romagna weltberühmt: Parmaschinken, Parmesan und Balsamico-Essig. Zu den zahlreichen weiteren Spezialitäten zählen Wurstwaren wie Mortadella und Salami sowie gefüllte Pasta. Bei Bologneser Gerichten steht eines natürlich an erster Stelle: *Tagliatelle alla bolognese* (s. S. 70), dicht gefolgt von *Fritto misto. Bollito misto* (s. S. 122) ist eine Spezialität aus Modena, Heimat des besten Balsamico-Essigs, genau wie *Zampone* (gefüllter Schweinefuß). Die gesamte Region bietet eine Vielfalt an Gerichten mit Rind, Huhn, Schinken und Wild sowie Fisch und Meeresfrüchten.

Es gibt einen Unterschied – historisch und kulinarisch – zwischen Emilia und Romagna. Emilia blickt auf eine lange Geschichte adliger, ja höfischer Kultur zurück. Marie Luise von Habsburg, Napoleons zweite Frau, war Herzogin von Parma, und ihre Köche begründeten die Tradition feiner Konditorwaren in der Region. Die herzhaften Gerichte sind reichhaltig und raffiniert und sparen nicht an Sahne oder Butter. Romagnas Geschichte dagegen ist bäuerlicher geprägt, und die Gerichte aus diesem Teil der Region sind deftiger und großzügig mit Kräutern, Zwiebeln und Knoblauch gewürzt. Die Romagnolen bevorzugen auch Olivenöl statt Butter.

Umbrien, in Mittelitalien ohne Zugang zum Meer gelegen, hat keine großen kulinarischen Ambitionen, doch was könnte eine einfache Küche besser rechtfertigen als die überragende Qualität der Zutaten, ob Süßwasserfisch, Schwein, Lamm oder Wild? Das umbrische Olivenöl hat einen charakteristischen, aber

Für drei Erzeugnisse ist die Emilia-Romagna weltberühmt: Parmaschinken, Parmesan und Balsamico-Essig

milden Geschmack und kommt beim Kochen und Anrichten der Speisen wunderbar zum Einsatz. Im kühleren Hochland wachsen schwarze Trüffeln, die im Spätherbst und Winter in regionalen Gerichten verwendet werden.

Die benachbarte Region Marken an der Adria pflegt einen raffinierteren Kochstil und ist zu Recht für ausgezeichnete Schinken- und Wurstwaren berühmt. Schweinefleisch wird hier am meisten gegessen, doch auch Wild, besonders Taube, die traditionell mit Linsen serviert wird, gehört zu den Spezialitäten der Region.

Zypressen auf sanften grünen Hügeln vor tiefblauem Himmel, malerische, halbversteckte Dörfer und fantastisches Essen – kein Wunder, dass die sonnenverwöhnte Toskana zu den beliebtesten europäischen Urlaubszielen gehört. Die alten Griechen brachten die Olivenbäume in die Toskana, und heute gilt das hier produzierte Olivenöl für viele als das beste der Welt. Der Grundton der toskanischen Küche heißt Schlichtheit. Wenige, qualitativ absolut hochwertige Zutaten werden so kombiniert, dass ihr Eigengeschmack bestmöglich zur Geltung kommt.

Im warmen Klima und auf den trockengelegten Böden wächst Gemüse im Überfluss. Bohnen sind so typisch für die toskanische Küche, dass die Toskaner von ihren Nachbarn *Mangiafagioli*, Bohnenesser, genannt werden. *Ribollita*, eine eingedickte Suppe mit Bohnen und Kohl, ist vielleicht das berühmteste toskanische Gericht, doch die Region ist ebenfalls für die Qualität von Rind, Schwein, Huhn und Wildschwein bekannt. Frische Gewürzkräuter spielen eine zentrale Rolle. *Pan scicco*, ein festes Brot aus Mehl, Hefe und Wasser, gibt es nur hier. Es wird häufig für Bruschetta verwendet. Pecorino

Der Rotwein der Toskana, der Chianti Classico, genießt keinen geringeren Ruf als ihr Olivenöl

stammt aus der Gegend um Siena, das auch die Heimat des beliebten Gewürzkuchens *Panforte* (s. S. 242) ist. In Florenz soll die köstliche Süßspeise *Zabaglione* (s. S. 239) erfunden worden sein, und der Rotwein der Toskana, der Chianti Classico, genießt weltweit keinen geringeren Ruf als ihr Olivenöl.

Die beste der regionalen Küchen zieht es unvermeidlich Richtung Rom, Hauptstadt Italiens und der Region Latium. Römische Restaurants zählen zu den besten Europas. Die Zubereitung tendiert zu schlichter Eleganz, was am kultivierten Geschmack der Gäste liegen mag. Dennoch mangelt es in der Region nicht an reichhaltigen Saucen und deftigen Aromen. Nudeln und Grießgnocchi – hier eher im Ofen gebacken statt gekocht – sind beliebter als Reis. Das Fleisch – besonders Lamm und Kalb – ist vorzüglich. Als kulinarisches Markenzeichen Roms könnte man *Saltimbocca alla romana* (s. S. 146) bezeichnen, ein bestechend einfaches Rezept für gebratenes Kalbsschnitzel mit Salbei. Auch Innereien, besonders geschmorte Kutteln, gehören zu den Spezialitäten. Im Allgemeinen verwendet die Küche Latiums reichlich Gewürze und eine große Vielfalt an Kräutern.

Abruzzen und Molise werden oft in einem Atemzug genannt, obwohl sie keine Verwaltungseinheit mehr bilden. Das Essen in diesen bergreichen Regionen ist sehr ländlich und traditionsverbunden. Es werden Wurstwaren und Käse produziert. Lamm ist das am häufigsten gegessene Fleisch, während die Küstengebiete reichlich Fisch und Meeresfrüchte bieten. Der in den Abruzzen angebaute Peperoncino ist so höllisch scharf, dass die Leute ihn *Diavoletto,* kleiner Teufel, nennen. Er würzt die *Pasta all'arrabbiata* (s. S. 87), eine Spezialität Latiums, das westlich der Abruzzen liegt. Nach der Ernte schmücken die zu Zöpfen geflochtenen Schoten die Bauernhäuser und trocknen in der Sommersonne, um später als Würze in den Wintergerichten die Esser von innen zu wärmen.

Ihren legendären Gemüsegerichten verdanken die Apulier den Beinamen *Mangiafoglie*, Blattesser. Apulien am Stiefelabsatz Italiens produziert außerdem Obst, vor allem Feigen und Melonen, daneben Oliven, Kräuter und vorzügliche Pilze. Pasta ist äußerst beliebt, und einige Formen gibt es nur hier. Bei Fleisch steht in Apulien Lamm an erster Stelle, entweder am Spieß gegrillt oder mit frischen Kräutern geschmort, doch das Kalbfleisch ist ebenfalls ausgezeichnet. In der adriatischen Hafenstadt Brindisi kann man unvergessliche Meeresfrüchterisottos und andere Spezialitäten mit Krake, Austern oder Miesmuscheln genießen.

Die Region Kampanien markiert eine weitere kulinarische Grenze – die zwischen frischer und getrockneter Pasta. Im 15. Jahrhundert wurden in Neapel erstmals verpackte getrocknete Nudelwaren als Alternative zu frischen Eiernudeln hergestellt, und der Rest ist, wie man sagt, Geschichte. Doch das ist bei weitem nicht die einzige kulinarische Großtat der Stadt: Auch die Pizza wurde in Neapel erfunden. Anfangs nicht mehr als eine bescheidene Scheibe Brotteig, mit Tomatenpüree und Käse belegt und in den Ofen geschoben, ist der vielseitige Snack heute auf der ganzen Welt und mit allen erdenklichen Belägen zu haben.

Fleisch ist selten in Kampanien, doch der Reichtum an Fisch und Meeresfrüchten gleicht das zur Genüge aus. Zu nennen sind hier besonders Meerbrasse, Meerbarbe, Tintenfisch, Garnelen und Muscheln. Pasta mit Muscheln ist eine typisch kampanische Kombination, die in zwei Varianten serviert wird: mit Sahne- oder mit Tomatensauce, wovon jede ihre leidenschaftlichen Verfechter hat. Tomaten sind der Inbegriff des kampanischen Gemüses und an so gut wie jedem Gang beteiligt, vor allem als farbenfrohe, leckere Pastasauce. Eines der wenigen Fleischgerichte der Region, *Bistecca alla pizzaiola* (s. S. 127), ist weniger für sein Rindfleisch als für die

Lebensart und Tradition wechseln von Region zu Region und von Stadt zu Dorf.

Kaffeepause auf der Piazza

Sauce aus Tomaten, Knoblauch und Zwiebeln berühmt. Zwei große Käsesorten werden ebenfalls in der Region hergestellt: Mozzarella und Provolone. Man vermutet, dass die Mozzarellaproduktion mit der Ankunft indischer Wasserbüffel etwa 600 n. Chr. begann, doch wieso die Tiere überhaupt in Italien auftauchten, darüber schweigt sich die Geschichte aus. Der Salat aus Mozzarella, Tomaten und Basilikum stammt von der kleinen Insel Capri und heißt auf dem Festland Kampaniens stets Insalata caprese. Von einer kultivierteren, weltläufigen Vergangenheit zeugen die kampanischen Süßspeisen, darunter vorzügliches Gebäck, wie zum Beispiel die Profiteroles mit Zitronenfüllung aus Amalfi.

Schafzucht ist das Hauptgewerbe in der bergigen Region der Basilikata am Spann des italienischen Stiefels, daher verwendet die regionale Küche viel aromatisches, saftiges Lammfleisch, doch auch Schwein und Wild kommen auf den Tisch. Auch hervorragender Käse wird in der Region hergestellt. Wurstwaren sind oft mit heimischen Peperoncini gewürzt, die etwas milder schmecken als die kleinen Teufel aus den Abruzzen. Zahlreiche Seen liefern reichlich Süßwasserfische, darunter Aal. Obst und Gemüse gedeihen prächtig, und deftige Suppen vertreiben die Winterkälte. Pasta ist nicht wegzudenken.

An der Spitze des italienischen Stiefels liegt Kalabrien. Das Klima eignet sich ideal für den Anbau von Zitrusfrüchten, Oliven und einer großen Vielfalt an Gemüse. Die allgegenwärtige Pasta wird in der Regel mit einer rustikalen Gemüsesauce serviert, zum Beispiel aus

Auberginen, Artischocken oder Paprika. Für Süßspeisen liefern oft heimische Mandeln die Grundlage, und sie werden mit Honig gesüßt, oder frisches Obst, vor allem Feigen. Wildpilze wachsen reichlich und würzen Fleischgerichte, Saucen und Salate. Huhn und Wild, etwa Kaninchen, sind die Hauptfleischsorten. Auch Fisch spielt natürlich eine Rolle, insbesondere Schwert- und Thunfisch. Die beliebte Pizza ist oft mit Meeresfrüchten belegt.

Siziliens Küche ist mit der keiner anderen Region vergleichbar. Das liegt teilweise an den fruchtbaren Lavaböden an den Hängen des Ätna, mehr noch jedoch an der an Völkern und Kulturen so reichen Geschichte der Insel, die wie ein Fußball an Italiens Stiefel liegt. Sizilien hat über die Jahrhunderte fremde Eroberer magisch angezogen. Etrusker, Phönizier, Karthager, Griechen, Römer, Araber, Spanier, Franzosen, Österreicher und natürlich Italiener vom Festland haben alle die Insel geprägt. Die Neapolitaner würden es zwar nie anerkennen, doch es gibt die Vermutung, dass Nudeln zuerst von den Arabern in Sizilien eingeführt wurden, von wo aus sie sich dann über Italien verbreiteten. Die Araber brachten auch Gewürze und Süßwaren und förderten die Schaf- und Ziegenzucht. Fisch spielt eine zentrale Rolle in der sizilianischen Küche, besonders die winzigen Sardellen, Seebarsch, Sardinen, Schwert- und Thunfisch.

Auf Sizilien wurde Thunfisch erstmals in Dosen konserviert. Fleisch, ob Lamm, Zicklein, Wild oder Huhn, spart man sich eher für Festtage auf, doch Gemüse gibt es immer reichlich: Spinat, Auberginen, Artischocken, Kürbis, Zucchini, Paprika, Erbsen, dicke Bohnen, Kichererbsen und Tomaten werden in einer Vielzahl fantasievoller Zubereitungen angeboten. Die sizilianische Vorspeise *Caponata* (s. S. 54), Auberginen süß-sauer, ist weit über die Küsten der Insel hinaus bekannt, und nirgendwo bekommt man konzentrierteres Tomatenmark als hier. Auch die in Salz eingelegten sizilianischen Kapern sind ein Exportschlager. Zitronen finden in süßen wie herzhaften Gerichten Verwendung, und Orangen wachsen in Hülle und Fülle. Sizilien produziert die süßesten Mandeln der Welt, die zusammen mit dem heimischen Thymianhonig die Grundlage für Süßigkeiten und Nachspeisen bilden. Kleine Kunstwerke aus Marzipan schmücken die Schaufenster der Konditoreien. Die Sizilianer rühmen sich auch, das Speiseeis erfunden zu haben, und zumindest macht ihre Granita, gestoßenes Wassereis, den heißen Sommer erträglicher. Weitere verführerische Süßspeisen sind *Crostata di ricotta* (s. S. 232), *Cassata alla siciliana* (s. S. 248), die kringelförmigen, in Schmalz gebackenen *Sfinci*, *Zuppa inglese* (ein Biskuitdessert), Nougat und Amaretti.

Sizilien hat fremde Eroberer magisch angezogen: Etrusker, Phönizier, Karthager, Griechen, Römer, Araber, Spanier, Franzosen, Österreicher und natürlich Italiener vom Festland

Zur anderen großen Insel Italiens, Sardinien, ist es wieder ein großer Sprung. Die Sarden sind lange unter sich geblieben, und Lebensweise und Küche sind sehr traditionell geprägt. Überraschenderweise spielen Fisch und Meeresfrüchte keine große Rolle, obwohl es reichlich Thunfisch, Meerbarbe, Seebarsch, Hummer und Muscheln gibt. Wichtiger sind Wild, zum Beispiel Wildschwein, und Innereien. Schweine und Schafe werden auf der gesamten Insel gezüchtet. Am Spieß gegrilltes Spanferkel könnte man als „Nationalgericht" bezeichnen, während am Ostersonntag grundsätzlich Lammbraten auf den Tisch kommt. *Fregola*, winzige Suppennudeln, die an Couscous erinnern, sind eine sardische Spezialität. Trotz der trockenen Sommer gedeiht Obst gut. Die allgegenwärtige *Myrte* hüllt die Insel in ihren Duft ein und wird in vielen unterschiedlichen Gerichten sowie für den heimischen Likör verwendet. Wie eigentlich alle Südländer stellen auch die Sarden köstliche Süßwaren, Kuchen und Desserts her, oft gesüßt mit sardischem Honig.

Mozzarella eignet sich perfekt zum Überbacken und ist mit seiner faserigen Konsistenz wie für Pizza gemacht

Käse

Die alten Griechen brachten die Kunst der Käserei nach Italien, die Römer verbesserten die Technik, und über die Jahrhunderte haben die Italiener sie perfektioniert. Die verschiedenen Regionen erzeugen eine breite Palette an Hart-, Schnitt-, Weich- und Frischkäse aus Kuh-, Büffel-, Ziegen- und Schafsmilch.

Der berühmteste italienische Käse, der Parmesan, ist ein Hartkäse aus Kuhmilch. Der echte Parmesan, der sich Parmigiano Reggiano nennen darf und an dem Stempel auf der Rinde zu erkennen ist, wird ausschließlich in einem gesetzlich festgelegten Gebiet um Parma hergestellt. Der Käse muss mindestens zwei Jahre reifen, manchmal auch viel länger, um die brüchige Konsistenz und den angenehmen, etwas salzigen Geschmack zu erreichen. Parmesan eignet sich nicht nur wunderbar zum Reiben über Nudeln, Suppen und Gemüse, sondern schmeckt auch pur oder mit frischem Obst. Fertig geriebener Parmesan ist zwar erhältlich, doch es empfiehlt sich sehr, ihn am Stück zu kaufen und bei Bedarf frisch zu reiben. In der Zwischenzeit lässt sich der Käse gut in Folie eingewickelt im Kühlschrank aufbewahren.

Ebenfalls in der Po-Ebene wird Grana Padano hergestellt, ein ähnlicher, aber weniger hochwertiger Käse. Er besitzt eine körnigere Konsistenz und schmeckt kräftiger und salziger. Grana Padano kann genauso verwendet werden wie Parmesan.

Pecorino bezeichnet jeden Schafkäse. Es ist ein Hartkäse mit einem salzigen, pikanten Aroma. Die besten kommen aus Rom und Sardinien, halten Sie also Ausschau nach *Pecorino romano* und *Pecorino sardo*. Nach einer Reifezeit von etwa anderthalb Jahren schmeckt der *Pecorino romano* kräftiger als andere Käse, die nur einige Wochen gereift sind. Pecorino kann wie Parmesan über rustikale Gerichte gerieben werden, die seiner Würze etwas entgegenzusetzen haben. Im Kühlschrank hält sich der Käse bis zu einem Monat.

Fontina wird im Aostatal in den italienischen Alpen aus roher Kuhmilch hergestellt. Der halbfeste Käse mit hohem Fettgehalt besitzt ein mildes, nussiges Aroma und eine geschmeidige Konsistenz. Er schmeckt köstlich als Tafelkäse und eignet sich hervorragend zum Kochen, da er gut schmilzt. Fontina ist der klassische Käse für eine *Fonduta*, die italienische Variante des Schweizer Fondues.

Ein weiterer fettreicher, halbfester Käse ist der Taleggio aus der Lombardei. Er besitzt einen milden, leicht salzigen Geschmack. Taleggio schmilzt gut, ohne Fäden zu ziehen, wodurch er sich wunderbar zum Kochen eignet, doch auch pur schmeckt er köstlich.

Gorgonzola ist die Krone der italienischen Blauschimmelkäse, obwohl seine Edelpilzadern eher grün als blau sind. Der cremige Käse hat einen hohen Fettgehalt, und sein Aroma reicht von pikant bis scharf, wobei er jedoch nie anstößig schmecken oder riechen darf. Sein Ursprung liegt in dem Dorf Gorgonzola in der Lombardei, wo sich die Kühe auf dem langen Abtrieb von den Bergen zu den Winterweiden ausruhten. Das Dorf ist seit langem von Mailand geschluckt worden, und der Käse wird heute in der gesamten Region produziert. Gorgonzola ist ein wundervoller Tafelkäse und lässt sich auch hervorragend zum Kochen verwenden, da sein Geschmack beim Erhitzen milder wird. Man nimmt ihn für sahnige Nudelsaucen, Risottos oder Polenta oder als Füllung für Pfannkuchen.

Dolcelatte ist eine milde Variante des Gorgonzola. Torta heißt ein Schichtkäse aus Gorgonzola und Mascarpone, der einen geradezu unerhörten Fettgehalt besitzt.

Der milde, sahnige Frischkäse Mascarpone stammt aus der Lombardei. Er ist zu fett, um ihn pur zu essen, und man verwendet ihn ähnlich wie Sahne in herzhaften und süßen Speisen, von der Pastasauce bis zur Eiscreme. Am besten bekannt ist Mascarpone als Zutat in Desserts, vor allem in *Tiramisù* (s. S. 238).

Mozzarella ist in der italienischen Küche vielleicht noch verbreiteter als Parmesan. Der teigige Frischkäse

In den Landhäusern und auf den Bauernhöfen Italiens werden stolz die regionalen Traditionen der Käserei aufrecht erhalten.

wird in Schichten hergestellt, dann zu Kugeln geformt und in Salzlake eingelegt. Die Kugeln werden in Molke verpackt, damit sie nicht austrocknen, und sollten vor Verzehr oder Weiterverarbeitung gut abtropfen. Mozzarella eignet sich perfekt zum Überbacken und ist mit seiner faserigen Konsistenz wie für Pizza gemacht. Köstlich schmeckt frischer Mozzarella auch in Scheiben geschnitten und mit Tomaten und Basilikum zum *Insalata tricolore* (s. S. 220) kombiniert oder zusammen mit Avocadoscheiben im Salat. Wer die Wahl hat, sollte sich immer für *Mozzarella di bufala* entscheiden, den Mozzarella aus Büffelmilch mit seinem einzigartigen Geschmack, statt den gängigeren aus Kuhmilch zu kaufen. Es gibt auch geräucherten Mozzarella, der eine schöne goldene Färbung und ein mildes Raucharoma besitzt. Kleine Mozzarellakügelchen heißen *Bocconcini*, was so viel wie kleine Häppchen oder Leckerbissen bedeutet. Verbrauchen Sie frischen Mozzarella so rasch wie möglich nach dem Kauf und bewahren Sie ihn nicht länger als zwei Tage ungeöffnet im Kühlschrank auf.

Ricotta, was „wiedergekocht" heißt, entsteht durch Wiedererhitzen der Molke, die nach der Herstellung von Hartkäse übrig bleibt. Ricotta ist ein weicher Frischkäse mit relativ niedrigem Fettgehalt aus Kuh-, Schafs- oder sogar Ziegenmilch. Man verwendet ihn bei der Zubereitung herzhafter wie süßer Gerichte. Ricotta harmoniert perfekt mit Spinat und dient in dieser

Kombination als Füllung für Nudeln und Pfannkuchen. *Crostata di ricotta* ist eine köstliche sizilianische Spezialität (s. S. 232). Verbrauchen Sie frischen Ricotta noch am selben Tag.

Ricotta salata ist eine feste, gesalzene Variante des Käses aus Schafsmilchmolke. Er besitzt eine krümelige Konsistenz und kann wie Hartkäse verwendet werden.

Provolone ist ein gekneteter Hartkäse mit einer glatten Konsistenz. Er wird aus Kuh- oder Büffelmilch unter Zugabe von unterschiedlichem Lab erzeugt. Es gibt milde *(dolce)* und würzige *(piccante)* Varianten, letztere werden mit Ziegenlab hergestellt. Der beste Provolone kommt aus Kampanien und Apulien, doch der Käse wird, oft mit unterschiedlichen regionalen Bezeichnungen, in ganz Süditalien sowie auch in der Po-Ebene produziert. Man isst ihn pur oder in Pastasaucen.

Italienisch essen

Ob Sie im noblen *Palazzo* dinieren oder in einer Bauernküche zu Abend essen, ein italienisches Mahl folgt immer dem gleichen Muster. Beim einen mögen die Speisen luxuriöser ausfallen und der mag Tisch eleganter gedeckt sein, doch die Sorgfalt, mit der das Essen zubereitet ist, und die Leidenschaft, mit der gespeist wird, bleiben die Gleichen. Die Italiener lieben nicht nur das Essen, sie lieben vor allem das gemeinsame Essen mit Familie und Freunden. Auch wenn die Anforderungen des modernen Lebens die Gesellschaft verändert haben – es gibt kaum eine Familie, die sich nicht mindestens einmal im Monat mit allen Generationen um eine große Tafel versammelt, um zu essen, zu trinken, zu reden und die gemeinsame Zeit zu genießen.

Jede italienische Mahlzeit, ob Mittag- oder Abendessen, dreht sich um zwei herzhafte Gänge, beide gleich wichtig und umfangreich. Sie heißen *Primo* und *Secondo*. Abends besteht der *Primo* zumeist aus Suppe, mittags eher aus Nudeln, Gnocchi oder Risotto, je nach Region. Darauf folgt für gewöhnlich ein Fleisch- oder Fischgericht mit Gemüse als Beilage. Salat kann zum *Secondo* oder danach gegessen werden. Als Nachspeise gibt es meist frisches Obst oder Käse, wenn es sich nicht um einen besonderen Anlass handelt. Zu einem festlicheren Mahl wird oft noch ein Antipasto bzw. eine Vorspeise serviert. Sie kann zum Beispiel einfach aus einigen Scheiben Salami und einer Schale Oliven bestehen oder, wenn es aufwändiger sein soll, aus gemischtem eingelegtem Gemüse oder einer Pastete.

Zu keinem Essen fehlt frisches Brot, mit dem man ohne Hemmungen auch den letzten Tropfen der leckeren Saucen vom Teller auftunkt.

Zum Essen werden Wein und eisgekühltes Wasser gereicht. Kinder trinken auch mal eine Limo oder Cola.

Zu keinem Essen fehlt frisches Brot, mit dem man ohne Hemmungen auch den letzten Tropfen der leckeren Saucen vom Teller auftunkt

Nach dem Essen gibt es Kaffee, in der Regel starken, schwarzen Espresso, und dazu vielleicht einen Likör oder Schnaps als Digestif, etwa Amaretto, Grappa, Nocino oder Strega. Als Aperitif vor dem Essen bieten sich zum Beispiel Campari, Martini oder Punt e Mes an, nach Geschmack mit Sodawasser und Eis gemischt.

Das italienische Menü kombiniert Gänge, die sich gegenseitig ergänzen und im Geschmack harmonieren. Einer Suppe mit Meeresfrüchten als *Primo* folgt normalerweise Fisch als *Secondo*, zum Beispiel *Filetti di sogliole alla pizzaiola* (s. S. 167). Nach rustikaler Pasta passt ein deftiges Schmorgericht wie *Stufato alla fiorentina* (s. S. 124), während ein zartes Risotto am ehesten einen Gang aus Huhn oder Kalb vorbereitet, zum Beispiel *Saltimbocca* (s. S. 146). Der Aufwand einer so sorgfältigen Menüplanung mag selbstverständlich sein, wenn man Gäste einlädt, doch fürs Familienessen an einem normalen Wochentag bleibt den wenigsten die Zeit dafür. Auf ein Abendessen im italienischen Stil müssen Sie dennoch nicht verzichten, wenn Sie zum Beispiel als *Secondo* ein leichteres Gemüsegericht wählen, etwa *Melanzane e pomodori al forno* (s. S. 197). Außerdem lassen sich eine ganze Reihe italienischer Rezepte schnell und einfach zubereiten und ergeben wunderbare Snacks für zwischendurch, so zum Beispiel *Bruschetta* (s. S. 55).

In der italienischen Küche

Viele, vielleicht die meisten Zutaten der italienischen Küche waren schon unseren Müttern und Großmüttern vertraut: Mehl, Butter, Speck, Sahne, Kartoffeln,

Gegenüber: *Das bezaubernde Fischerdorf Cetara an der Küste von Amalfi ist für seine Sardinen ähnlichen Alici und seinen Thunfisch berühmt.*

Tomaten und Zwiebeln. Andere haben wir erst in den letzten 20 oder 30 Jahren kennen gelernt: Auberginen, Paprika, Mozzarella, Parmesan, Salami, italienische Nudeln und sogar Knoblauch. Um den Geschmack des echten Italien in Ihre Küche zu holen, genügt es allerdings nicht, einfach nach italienischem Rezept zu kochen; Sie müssen die besten und frischesten Zutaten kaufen, die Sie bekommen können, und das zur jeweils richtigen Jahreszeit. Die Einleitungen zu den Kapiteln stellen die wichtigen Zutaten vor. Zunächst jedoch einige Dinge, die Sie im Haushalt immer vorrätig haben sollten.

In der Vorratskammer

Frische Lebensmittel, von Gemüse bis zu Kräutern, bilden den Kern der italienischen Küche, doch Vorratswaren wie Olivenöl und Gewürze beleben sie erst richtig. Wie so oft schlägt sich Qualität auch hier im Preis nieder, nutzen Sie die teuren Zutaten also überlegt.

Olivenöl

Olivenöl hat ein volles Aroma, da es direkt aus der reifen Frucht gepresst wird. Es ist in unterschiedlichen Qualitätsstufen erhältlich. Olivenöl extra vergine wird aus der ersten Kaltpressung gewonnen, das heißt ohne jegliche weitere Verarbeitung wie Erhitzen. Es ist ein sehr aromatisches Öl mit niedrigem Säuregehalt und auch das teuerste. Es eignet sich zum Anmachen von Salaten und warmen Speisen, also immer dann, wenn es besonders auf den Geschmack ankommt. Natives Olivenöl entsteht bei der zweiten Kaltpressung und besitzt nur wenig mehr Säure. Es ist ein wunderbares Allzwecköl zum Kochen, eignet sich jedoch nicht zum Frittieren. So genanntes „reines" Olivenöl ist raffiniert und möglicherweise hitzebehandelt. Es ist sehr viel preiswerter und kann zum Kochen verwendet werden, eignet sich aber überhaupt nicht für Salate.

Viele Regionen stellen Olivenöle her, die sich im Geschmack sehr unterscheiden können. Das beste Olivenöl soll aus Lucca in der Toskana kommen, doch es lohnt sich, verschiedene Öle zu probieren, um sein Lieblingsöl zu entdecken. Auch andere Länder, darunter Spanien, Griechenland, Frankreich und in letzter Zeit

Olivenhaine prägen viele italienische Landschaften.

auch Neuseeland, produzieren ausgezeichnete Olivenöle, doch fehlt ihnen der typisch italienische Geschmack.

Bewahren Sie Olivenöl an einem kühlen, dunklen Ort auf, und verbrauchen Sie es nach dem Öffnen innerhalb von sechs Monaten.

Essig

Da Italien der größte Weinproduzent der Welt ist, überrascht es nicht, dass Rot- und Weißweinessige von hoher Qualität sind. Kaufen Sie in Eichenfässern gereiften Essig, damit er nicht bitter schmeckt.

Balsamico-Essig stammt aus der Gegend um Modena in der Emilia-Romagna und wird mit der gleichen Sorgfalt und Liebe hergestellt wie Wein. Oft reift er über 20 Jahre. Er besitzt ein einzigartig mildes, volles und süßes Aroma. Balsamico ist sehr teuer, doch schon kleine Mengen reichen aus, um Dressings, Marinaden und Saucen wirkungsvoll zu verfeinern.

Getrocknete Pilze

Steinpilze, die Krönung der Pilze, schmecken frisch am besten, doch auch getrocknete Steinpilze geben Saucen oder Schmortöpfen auf einfache Weise ein intensives Pilzaroma und beleben Gerichte mit Zuchtpilzen. Man bekommt sie in italienischen Lebensmittelgeschäften, sehr gut sortierten Supermärkten und Feinkostläden, und sie sind teuer, doch schon kleine Mengen zeigen große Wirkung. Kaufen Sie keine billigen Packungen, die andere, minderwertige Pilze enthalten können. Getrocknete Pilze müssen vor Gebrauch eingeweicht werden; schütten Sie das Wasser nicht weg, sondern verwenden Sie es zum Kochen.

Trüffeln

Den Luxus frischer Trüffeln können sich wahrscheinlich die wenigsten Haushalte leisten. Trüffeln sind auch als Konserven erhältlich, doch die ganzen sind immer noch sehr teuer. Trüffelstücke oder -schalen kosten etwas weniger und verleihen vielen Gerichten eine ganz besondere Note. Ein paar Tropfen Trüffelöl sind die preiswerteste Methode, um Pastasaucen, Risottos oder Salate um ein wundervolles Aroma zu bereichern.

Kapern

Kapern sind die unreifen Blütenknospen des Kapernstrauchs. In der Regel werden sie in Weißweinessig oder Salzlake eingelegt. Kapern schmecken wunderbar in Salaten, auf Crostini oder Pizza. Sizilianische Kapern werden in Salz eingelegt, was ihren Geschmack verstärkt. Vor Gebrauch sollte man sie abspülen und trockentupfen. Kapernäpfel heißen die Früchte desselben Strauchs. Sie sind größer als Kapern und besitzen lange Stiele. Servieren Sie Kapernäpfel zum Aperitif oder im Salat.

Getrocknete Peperoncini

Peperoncini gehören in zahlreiche südländische Gerichte. Italienische Lebensmittelläden verkaufen scharfe getrocknete Schoten, doch Sie können auch andere Arten oder Chilipulver verwenden, wenn Sie es etwas milder mögen.

Safran

Bei dem teuersten Gewürz der Welt handelt es sich um die getrockneten Narben einer Krokusart. Die Italiener benutzen Safran, um Gerichten Farbe und Aroma zu geben, von *Risotto alla milanese* bis zu Fisch und Meeresfrüchtesaucen. Die Fäden werden in die Kochflüssigkeit gebröselt oder in ein wenig Wasser oder Brühe eingeweicht und dann zusammen mit der Flüssigkeit dem Gericht zugefügt. Man bekommt auch Safranpulver, das jedoch mit dem kaum würzenden Färbersaflor gestreckt sein kann.

Fenchel

Das süße, anisartige Gewürz wird gerne für Meeresfrüchteeintöpfe verwendet oder über gegrillten Fisch gestreut. Die Samen bzw. Früchte werden oft vor dem Backen über den Brotteig gegeben und würzen die Florentiner Salami *Finocchiona*.

SUPPEN & ANTIPASTI

Italienische Köche legen Wert auf Tradition, doch das hält sie nicht davon ab, fantasievoll und kreativ zu kochen. So kann nicht nur praktisch jede Region mit ihrer eigenen Version berühmter Klassiker wie Minestrone oder Bruschetta aufwarten – das Gleiche gilt für fast jede Familie. Die Suppen und Vorspeisen in diesem Kapitel sind zwar original italienische Rezepte, jedoch keine feststehenden oder endgültigen Vorgaben. Lassen Sie Ihrer Experimentierfreude also freien Lauf.

Die Suppe, die in Italien traditionell als *Primo* zum Abendessen serviert wird, ist nicht bloß Vorspiel zum Hauptgang, sondern gilt als genauso wichtig wie der *Secondo* aus Fleisch oder Fisch, der ihm folgt. Aus diesem Grund sind italienische Suppen nicht nur sehr geschmack-, sondern oft auch ebenso gehaltvoll. Gemüse dominiert, ob Bohnen in der Toskana, Blattgemüse in Apulien oder Tomaten in Kampanien. Die bekannteste italienische Gemüsesuppe kann keine andere als die *Minestrone* sein – *Minestra* bedeutet schlicht Suppe. Wahrscheinlich existieren so viele Varianten des Rezepts wie Köche im Land. Die Suppe kann mit jedem beliebigen Gemüse zubereitet werden, das gerade Saison hat, solange kein einzelner Geschmack heraussticht und die Kombination ausgewogen bleibt. Je nach Region werden zum Ende der Garzeit kleine Suppennudeln oder Reis zugefügt, und bei der Genueser Version wird zum Servieren Pesto eingerührt. Fleisch spielt eine untergeordnete Rolle in italienischen Suppen, von klaren Brühen auf der Basis einer guten Rinderconsommé einmal abgesehen. Fisch und Meeresfrüchte dagegen werden reichlich in vielfältigen, üppigen Suppen verwendet, die oft so gehaltvoll sind, dass man sie eher als Eintöpfe bezeichnen könnte. Es lohnt sich, italienische Suppen auf Vorrat zu kochen: Viele werden besser, wenn sie länger ziehen, und fast alle lassen sich gut einfrieren. Geben Sie Nudeln oder Reis beim Aufwärmen zu.

Kleine Vorspeisen, vor dem eigentlichen Essen serviert, bieten eine wunderbare Möglichkeit, kreativ zu werden. Ein Antipasto ist schmackhaft, leicht, appetitanregend und optisch reizvoll. Hauptzutaten sind Wurst und Schinken, Gemüse, Meeresfrüchte und Salate. Antipasti sind oft kalt und können sehr einfach sein, wie zum Beispiel eine Salamiplatte und dazu Oliven und vielleicht frisches Obst, etwa Melone oder Feigen. Italienischer Schinken bzw. Prosciutto wird ebenfalls klassisch mit Obst serviert, in der Regel Melone, doch er passt auch gut zu intensiv schmeckenden Salaten wie Rucola. Kaum etwas ist einfacher oder beeindruckender als *Carpaccio* (s. S. 46), hauchdünn geschnittenes rohes Rinderfilet, in Zitronensaft und Olivenöl mariniert. Beliebt als Vorspeisen sind auch eingelegte Gemüse, etwa Paprika, Champignons und Oliven, die sich geschmacklich

In vielen Regionen und Städten Italiens haben sich eigene Varianten traditioneller Rezepte entwickelt.

Seite 34/35: *Im Herzen der Agrarregion Toskana liegen Olivenhaine und Weinberge. Es wird Weizen angebaut, und Gemüse wächst im Überfluss.*

wunderbar ergänzen und außerdem verführerisch aussehen. Gefülltes Gemüse wird meist lauwarm serviert, damit sich der Geschmack voll entfaltet. Die Auswahl ist groß und umfasst nicht nur die offensichtlich gefäßartigen Paprikaschoten und Tomaten, sondern auch Auberginen, eine ligurische Spezialität, und Artischocken, ein römischer Klassiker.

Brot, das die Italiener angeblich mehr essen als jedes andere Volk, fehlt natürlich auch nicht bei den Antipasti. Die einfachste Version heißt *Fettunta*, geröstetes Weißbrot, das mit Knoblauch eingerieben, mit Olivenöl beträufelt und mit Meersalz bestreut wird. Mit einem Belag aus Käse, Tomaten, Oliven, Sardellen oder Pesto wird *Fettunta* zu *Bruschetta*. Ähnlich sind *Crostini*, die mit Brot oder Polenta zubereitet werden. Mozzarella passt perfekt zu Toast, da er so schön schmilzt. Eine köstliche römische Vorspeise besteht aus aufeinander gestapelten kleinen Toast-, Mozzarella- und Tomatenscheiben sowie Basilikumblättern, die von Spießen zusammengehalten und mit Olivenöl beträufelt etwa zehn Minuten bei großer Hitze im Ofen gebacken werden. Neapel bietet *Mozzarella in carrozza* (s. S. 58), wörtlich „Mozzarella im Karren". In diesem Rezept werden Mozzarella-Salami-Sandwiches in eine Eimischung getaucht und dann goldbraun frittiert. Zusammen mit der Sauce aus Tomaten, Zwiebeln und Knoblauch ergibt dies eine gehaltvolle Vorspeise, die im Sommer auch als leichtes Mittagessen völlig ausreicht.

Fettunta, geröstetes Weißbrot, das mit Knoblauch eingerieben, mit Olivenöl beträufelt und mit Meersalz bestreut wird

Genuesische Gemüsesuppe
Minestrone alla genovese

Zu dieser klassischen Gemüsesuppe wird der ebenso klassische Pesto serviert, dessen Ursprünge in der ligurischen Hafenstadt Genua zu finden sind. Gemeinsam ergeben sie einen herrlichen ersten Gang – Primo *– für ein ungezwungenes Abendessen im Kreise der Familie.*

FÜR 8 PERSONEN

2 Zwiebeln, in Ringe geschnitten
2 Karotten, gewürfelt
2 Selleriestangen, gewürfelt
2 Kartoffeln, gewürfelt
120 g grüne Bohnen, in 2,5 cm lange Stücke geschnitten
120 g Erbsen
200 g frischer Blattspinat ohne Stängel, gehackt
2 Zucchini, gewürfelt
220 g italienische Flaschentomaten*, gehäutet, entkernt und gewürfelt
3 Knoblauchzehen, in dünne Scheiben geschnitten
4 EL Olivenöl extra vergine
2 l Gemüse- oder Hühnerbrühe
Salz und Pfeffer
150 g Sternchen- oder andere Suppennudeln
frisch geriebener Parmesan, zum Servieren

Pesto

60 g frische Basilikumblätter
15 g Pinienkerne
1 Knoblauchzehe
Salz
25 g frisch geriebener Parmesan
3 EL Olivenöl extra vergine

1 Zwiebeln, Karotten, Sellerie, Kartoffeln, Bohnen, Erbsen, Spinat, Zucchini, Tomaten und Knoblauch in einen großen Topf geben. Olivenöl und Brühe zugießen und bei mittlerer Hitze zum Kochen bringen. Die Hitze reduzieren und ca. 1½ Stunden leise köcheln.

2 Unterdessen für den Pesto Basilikum, Pinienkerne, Knoblauch und 1 Prise Salz in einem Mörser zu einer glatten Paste zerstoßen. In eine Schüssel umfüllen und allmählich den Parmesan einrühren. Das Olivenöl unterrühren, bis eine dicke, cremige Sauce entsteht. Mit Frischhaltefolie abdecken und bis zum Verzehr in den Kühlschrank stellen.

3 Die Suppe mit Salz und Pfeffer abschmecken und die Nudeln zugeben. Weitere 8–10 Minuten kochen, bis die Nudeln gar, aber noch bissfest sind. Die Hälfte des Pestos unterrühren, den Topf vom Herd nehmen und 4 Minuten ruhen lassen. Nochmals abschmecken und eventuell noch etwas Pesto zugeben. (Der restliche Pesto kann bis zu 2 Wochen im Kühlschrank aufbewahrt werden.) Die Suppe in vorgewärmte Schalen füllen und servieren. Den Parmesan dazu reichen.

**Tipp*

Um die Tomaten zu häuten, jeweils unten kreuzweise einschneiden und in eine Schüssel füllen. Mit kochendem Wasser bedecken und 30–45 Sekunden stehen lassen. Abgießen und in kaltes Wasser legen. Die Haut lässt sich nun leicht abziehen.

Frische Tomatensuppe
Zuppa di pomodori

FÜR 4 PERSONEN

1 EL Olivenöl
650 g Eiertomaten
1 Zwiebel, geviertelt
1 Knoblauchzehe, in dünne Scheiben geschnitten
1 Selleriestange, grob gehackt
500 ml Hühnerbrühe
60 g Annellini oder andere Suppennudeln
Salz und Pfeffer
frisch gehackte glatte Petersilie, zum Garnieren

Genießen Sie diese erfrischende Suppe im Hochsommer, wenn die sonnengereiften Tomaten ihr volles Aroma erreicht haben.

1 Das Olivenöl in einen großen Topf geben und Tomaten, Zwiebel, Knoblauch und Sellerie zufügen. Abdecken und bei schwacher Hitze 45 Minuten kochen, bis die Mischung weich ist. Dabei den Topf gelegentlich rütteln.

2 Die Mischung in eine Küchenmaschine oder einen Mixer füllen und glatt pürieren. Das Püree durch ein Sieb in einen sauberen Topf gießen.

3 Die Brühe zugießen und aufkochen. Die Nudeln zugeben und 8–10 Minuten kochen, bis sie gar, aber noch bissfest sind. Mit Salz und Pfeffer abschmecken. Die Suppe in vorgewärmte Schalen füllen, mit Petersilie garnieren und sofort servieren.

Weiße Bohnensuppe

Zuppa di fagioli

Bohnen sind in der Toskana sehr beliebt. Diese cremige Suppe, in der die Bohnen 2 Stunden garen, ist leicht nachzukochen. Knoblauch und Petersilie – kurz vor dem Servieren untergerührt – verleihen ihr ein frisches Aroma, das durch einige Spritzer Olivenöl noch verfeinert wird.

FÜR 4 PERSONEN

175 g weiße Bohnen, über Nacht in kaltem Wasser eingeweicht
1,7 l Hühner- oder Gemüsebrühe
120 g Corallini, Conchigliette oder andere Suppennudeln
6 EL Olivenöl
2 Knoblauchzehen, fein gehackt
4 EL frisch gehackte glatte Petersilie
Salz und Pfeffer

1 Die Bohnen abgießen, abtropfen lassen und in einen großen Topf geben. Die Brühe zugießen und aufkochen. Den Deckel halb auflegen, die Hitze reduzieren und 2 Stunden köcheln, bis die Bohnen gar sind.

2 Die Hälfte der Bohnen und etwas Brühe in einem Mixer oder einer Küchenmaschine glatt pürieren. Das Püree wieder in den Topf geben und gut unterrühren. Die Suppe wieder aufkochen.

3 Die Nudeln zugeben, erneut aufkochen und 10 Minuten köcheln, bis sie gar sind.

4 Unterdessen 4 Esslöffel Öl in einem kleinen Topf erhitzen. Den Knoblauch zufügen und bei schwacher Hitze 4–5 Minuten unter häufigem Rühren goldbraun dünsten. Knoblauch und Petersilie zur Suppe geben. Mit Salz und Pfeffer abschmecken und in vorgewärmte Suppenschalen füllen. Mit dem restlichen Öl beträufeln und sofort servieren.

Variation

Anstelle der weißen Bohnen können Sie auch Borlotti-Bohnen verwenden, die 1½ Stunden kochen sollten.

Rinderconsommé mit Ei
Zuppa pavese

Für diese Suppe brauchen Sie eine hochwertige, selbst gemachte Rinderconsommé. Am besten bereiten Sie sie bereits 1 Tag vorher zu, damit Sie das Fett vollständig von der Oberfläche abschöpfen können.

FÜR 4 PERSONEN

Consommé

500 g Rinderknochen, in 7,5 cm große Stücke gesägt
350 g Rindfleisch am Stück
1,4 l Wasser
2 Zwiebeln, halbiert
4 Gewürznelken
2 Selleriestangen, grob gehackt
8 Pfefferkörner
1 Bouquet garni

60 g Butter
4 Scheiben frisches Weißbrot
120 g frisch geriebener Parmesan
4 Eier
Salz und Pfeffer

1 Für die Consommé Knochen und Rindfleisch in einen großen Topf geben. Das Wasser zugießen und bei schwacher Hitze aufkochen, dabei immer wieder den Schaum von der Oberfläche abschöpfen. Jede Zwiebelhälfte mit einer Gewürznelke spicken und mit Sellerie, Pfefferkörnern und Bouquet garni in den Topf geben. Den Deckel halb auflegen und 3 Stunden sanft köcheln. Das Fleisch herausheben und die Consommé 1 weitere Stunde köcheln.

2 Die Consommé durch ein Sieb gießen und abkühlen lassen. Für mindestens 6 Stunden, am besten über Nacht, in den Kühlschrank stellen. Vorsichtig die feste Fettschicht von der Oberfläche entfernen und die Consommé wieder erhitzen.

3 Kurz vor dem Servieren die Butter in einer großen Pfanne zerlassen. Das Brot zugeben und von beiden Seiten goldbraun rösten. Aus der Pfanne nehmen und jeweils eine Scheibe in eine vorgewärmte Suppenschale legen.

4 Die Hälfte des Parmesans über die Brotscheiben streuen. Vorsichtig je 1 Ei* über jeder Brotscheibe aufschlagen. Das Dotter sollte ganz bleiben. Mit Salz und Pfeffer würzen und mit dem restlichen Parmesan bestreuen. Die heiße Consommé vorsichtig in die Suppenschalen löffeln und sofort servieren.

**Tipp*

Sie können die Eier auch leicht pochieren, bevor Sie sie in die Suppenschalen geben.

Fischsuppe
Zuppa di pesce

Voller mediterraner Aromen ist diese Suppe leichter und auch einfacher zuzubereiten als ihre provenzalische Verwandte, die Bouillabaisse.

FÜR 4 PERSONEN

4 EL Olivenöl
1 Knoblauchzehe, in Scheiben geschnitten
2 EL frisch gehackte glatte Petersilie
1 getrocknete rote Chili
200 g gewürfelte Tomaten aus der Dose
1 Kabeljau- oder Schellfischkopf
125 ml trockener Weißwein
850 ml kochendes Wasser
Salz
450 g Seeteufelfilet
280 g frische Muscheln
450 g rohe Garnelen
Salz und Pfeffer
4 Scheiben Weißbrot oder Baguette, je 2 cm dick

1 Die Hälfte des Öls in einem großen Topf erhitzen. Knoblauch, die Hälfte der Petersilie und Chili zufügen und bei schwacher Hitze 3 Minuten unter Rühren braten. Tomaten, Fischkopf und Wein zugeben und kochen, bis die meiste Flüssigkeit verdunstet ist. Das kochende Wasser zugießen, salzen und 20 Minuten köcheln.

2 Das Fischfilet in mundgerechte Stücke schneiden. Die Muscheln unter fließend kaltem Wasser abbbürsten und die Bärte entfernen. Alle Muscheln mit beschädigten Schalen und alle, die sich beim Gegenklopfen nicht schließen, aussortieren. Die Garnelen schälen und den schwarzen Darmfaden entfernen.

3 Seeteufel und Muscheln in den Topf geben und 4–5 Minuten köcheln. Die Garnelen zufügen und weitere 2–3 Minuten köcheln.

4 Fischkopf* und Chili aus der Suppe entfernen. Alle nicht geöffneten Muscheln aussortieren. Die Reste von Öl und Petersilie zugeben und noch einmal abschmecken.

5 Das Brot toasten und jeweils 1 Scheibe in vorgewärmte Suppenschalen legen. Die Suppe über das Brot füllen und sofort servieren.

**Tipp*
Italienische Köche entnehmen dem Fischkopf das Wangenfleisch und geben es zur Suppe.

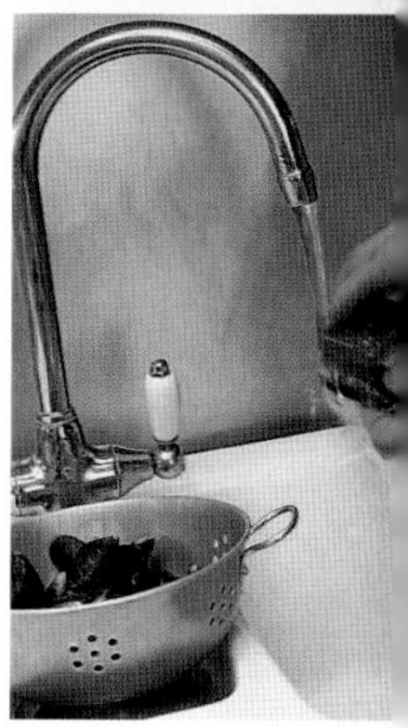

Seite 44/45: *Siena, im Herzen der Toskana gelegen, ist bekannt für seine Geschichte und die herrliche gotische Architektur.*

Mariniertes Rindfleisch
Carpaccio

Für dieses Gericht muss das Fleisch sehr dünn geschnitten sein. Dies geht leichter, wenn Sie es zuvor für 30 Minuten ins Gefrierfach legen.

FÜR 4 PERSONEN
200 g Rinderfilet am Stück
2 EL Zitronensaft
Salz und Pfeffer
4 EL Olivenöl extra vergine
60 g frisch gehobelter Parmesan
4 EL frisch gehackte glatte Petersilie
Zitronenspalten, zum Garnieren
Ciabatta oder Focaccia, zum Servieren

1 Das Rinderfilet mit einem sehr scharfen Messer in hauchdünne Scheiben schneiden und auf 4 einzelnen Tellern anrichten.

2 Den Zitronensaft in eine kleine Schüssel geben und mit Salz und Pfeffer würzen. Das Olivenöl unterrühren, dann das Dressing über das Fleisch gießen. Die Teller mit Frischhaltefolie abdecken und 10–15 Minuten marinieren.

3 Die Folie entfernen. Die Parmesanhobel über das Fleisch geben und mit Petersilie bestreuen. Mit Zitronenspalten garnieren und mit frischem Brot servieren.

Variation

Für ein *Carpaccio di tonno* nehmen Sie frischen Thunfisch anstelle des Rinderfilets. Eingefrorener oder eingelegter Thunfisch eignet sich nicht.

Rucola mit Schinken

Prosciutto con rucola

Rucola ist in jüngster Zeit in vielen Restaurants und Haushalten zu einem modernen Salat avanciert. In Italien, wo er wild wächst, war er jedoch immer schon beliebt.

FÜR 4 PERSONEN
120 g Rucola
1 EL Zitronensaft
Salz und Pfeffer
3 EL Olivenöl extra vergine
220 g Schinken, dünn aufgeschnitten

1 Die Rucolablätter putzen, in kaltem Wasser waschen und mit Küchenpapier trockentupfen. Den Salat in eine Schüssel geben.

2 Den Zitronensaft in eine kleine Schüssel gießen und mit Salz und Pfeffer würzen. Das Olivenöl unterrühren, die Rucolablätter mit dem Dressing übergießen und gründlich darin wenden.

3 Den Schinken vorsichtig auf 4 einzelnen Tellern anrichten, dann den Rucolasalat zugeben. Bei Zimmertemperatur servieren.

Variation
Für einen gehaltvolleren Salat können Sie 1 dünn aufgeschnittene Fenchelknolle und 2 dünn geschnittene Orangen in Schritt 1 zugeben. Ersetzen Sie den Zitronensaft in Schritt 2 durch Orangensaft oder Balsamico-Essig.

Gemischte Antipasti mit Wurst
Salumi

Die Stadt San Daniele konkurriert mit Parma um den besten rohen Schinken (Prosciutto), während Mailand mit Neapel, Rom und Cremona um die Ehre der besten Salami kämpft. Lassen Sie Ihren Geschmack darüber richten.

FÜR 4 PERSONEN

1 Honigmelone
60 g italienische Salami, dünn aufgeschnitten
8 Scheiben Prosciutto
8 Scheiben Bresaola
8 Scheiben Mortadella
4 Eiertomaten, in Scheiben geschnitten
4 frische Feigen, geviertelt
2 EL frisch gehacktes Basilikum
120 g schwarze Oliven*, entsteint
4 EL Olivenöl extra vergine, plus etwas mehr zum Servieren
Pfeffer

1 Die Melone halbieren, die Kerne auslöffeln und wegwerfen. Das Fruchtfleisch in 8 Spalten schneiden. Die Spalten nebeneinander auf einer Hälfte eines großen Serviertellers auslegen.

2 Salami, Prosciutto, Bresaola und Mortadella locker auf der anderen Hälfte des Tellers auslegen. Tomaten und Feigen in der Mitte des Tellers arrangieren.

3 Alles mit Basilikum und Oliven bestreuen und mit Öl beträufeln. Mit Pfeffer würzen und servieren.

**Tipp*

Marinieren Sie die Oliven selbst: 450 g entsteinte Oliven, 1 in Scheiben geschnittene Knoblauchzehe, 1 rote Chili, 3 Zitronenscheiben und 2 Esslöffel Rotweinessig vermischen. In ein Schraubglas geben und mit Olivenöl extra vergine auffüllen. Zuschrauben und 2 Wochen bei Zimmertemperatur stehen lassen.

Das Pantheon wurde vor 2000 Jahren als Tempel für die Götter in Rom erbaut. Weltberühmt ist das Loch in der Mitte der Kuppel.

Polenta mit Parmaschinken

Polenta con prosciutto

Diese Leckerbissen sind ideal als Appetizer, wenn Sie Gäste bewirten. Sie können Sie vorbereiten und brauchen Sie vor dem Servieren nur noch schnell in den Ofen zu schieben.

FÜR 6 PERSONEN

600 ml Wasser
70 g schnell kochende Polenta
25 g frisch geriebener Parmesan
2 EL weiche Butter
Salz und Pfeffer
Olivenöl extra vergine, zum Servieren

Belag

2 EL Olivenöl extra vergine, plus etwas mehr zum Einfetten
6 Scheiben Parmaschinken oder anderer Prosciutto
80 g Fontina, in 6 Scheiben geschnitten
12 frische Salbeiblätter

1 Eine Auflaufform (15 cm x 25 cm) mit Backpapier auslegen und beiseite stellen.

2 Das Wasser in einen großen Topf gießen und aufkochen. Die Hitze reduzieren und eine große Prise Salz zugeben. Unter ständigem Rühren die Polenta einstreuen. 5 Minuten köcheln, bis sie eindickt. Dabei ständig rühren.

3 Den Topf vom Herd nehmen, Parmesan und Butter unterrühren und mit Pfeffer abschmecken. Die Polenta gleichmäßig in der Form verteilen und die Oberfläche glatt streichen. Beiseite stellen und vollständig abkühlen lassen.

4 Ein Backblech und einen runden Plätzchenausstecher (7,5 cm Durchmesser) einfetten. Die Polenta aus der Form stürzen, 6 Küchlein ausstechen und auf das Backblech legen. Mit Olivenöl bestreichen und mit Salz und Pfeffer würzen.

5 Unter dem vorgeheizten Backofengrill 3–4 Minuten grillen. Die Küchlein wenden, erneut mit Öl bestreichen und weitere 3–4 Minuten grillen, bis sie goldbraun sind. Die Küchlein aus dem Ofen nehmen und abkühlen lassen.

6 Je 1 Scheibe Schinken und Fontina auf die Polentakuchen legen. Die Salbeiblätter mit Olivenöl bestreichen und je 2 auf ein Küchlein legen.

7 Die Polentaküchlein unter dem vorgeheizten Grill 3–4 Minuten überbacken, bis der Käse geschmolzen und der Salbei knusprig ist. Sofort servieren.

Variation

Ersetzen Sie den Parmesan durch zerbröckelten Gorgonzola.

Römische Artischocken
Carciofi alla romana

Die Minze ist der römische Beitrag zu dieser gefüllten Artischocke. Italienische oder römische Minze hat ein besonders süßliches Aroma, Sie können aber auch gewöhnliche Gartenminze oder – für einen speziellen Anlass – Apfel- bzw. Zitronenminze verwenden.

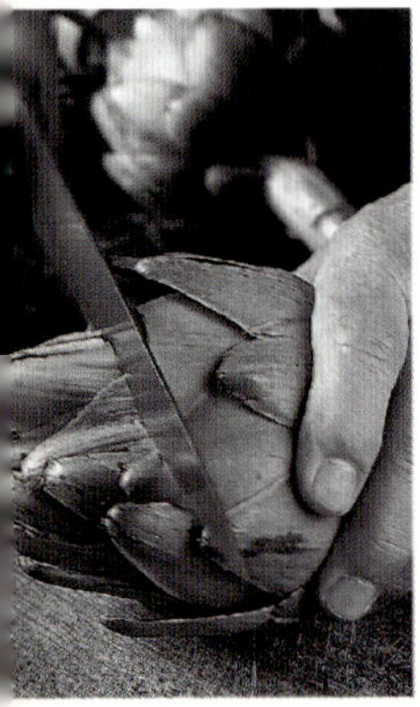

FÜR 4 PERSONEN

5 EL Zitronensaft
4 Artischocken
1 Knoblauchzehe
4 Zweige glatte Petersilie
2 Zweige Minze
1 Zitrone, geviertelt
4 EL Olivenöl
Salz und Pfeffer
2 EL Semmelbrösel
2 Knoblauchzehen, fein gehackt
25 g frische glatte Petersilie, grob gehackt
25 g frische Minze, grob gehackt
25 g Butter, gewürfelt

1 Eine Schüssel, die groß genug ist, um die Artischocken aufzunehmen, mit kaltem Wasser füllen und 4 Esslöffel Zitronensaft zugeben. Von den Artischocken die Stiele abschneiden und die harten äußeren Blätter entfernen. Die harten Blätterspitzen ebenfalls abschneiden. In der Mitte eine Vertiefung schneiden. Die Artischocken in das Wasser legen.

2 Alle Artischocken nebeneinander in einen großen Topf stellen. Knoblauch, Petersilie, Minze, Zitronenviertel und Olivenöl zugeben und mit Salz und Pfeffer würzen. Wasser zugießen, bis die Artischocken um zwei Drittel bedeckt sind. Bei schwacher Hitze aufkochen, abdecken und 15 Minuten köcheln.

3 Unterdessen Semmelbrösel, Knoblauch, Petersilie und Minze in einer Schüssel vermischen und mit Salz und Pfeffer würzen.

4 Die Artischocken aus dem Topf nehmen und leicht abkühlen lassen. Die Blätter leicht auseinander ziehen und die haarige Masse aus der Mitte mit einem Löffel lösen und wegwerfen. Die Artischocken mit Salz und Pfeffer würzen und erneut in den Topf stellen. Die Semmelbröselmischung in die Vertiefungen füllen, abdecken und bei schwacher Hitze 20 Minuten köcheln, bis die Artischocken gar sind.

5 Die Artischocken mit einem Schaumlöffel auf 4 Teller verteilen und beiseite stellen. Die Flüssigkeit in einen sauberen Topf abseihen, aufkochen und auf ca. ein Viertel einkochen. Die Hitze reduzieren und den restlichen Zitronensaft zugeben. Die Butter nach und nach unterrühren. Die Sauce darf nicht mehr kochen. Den Topf vom Herd nehmen und die noch warmen Artischocken mit der Sauce servieren.

Warmer Gemüseteller
Caponata

Diese appetitanregende, mit Knoblauch und Kapern gewürzte Mischung aus Tomaten, Auberginen und Sellerie ist eine traditionelle sizilianische Vorspeise.

FÜR 4 PERSONEN

4 EL Olivenöl
2 Selleriestangen, in Scheiben geschnitten
2 rote Zwiebeln, in Ringe geschnitten
450 g Auberginen, gewürfelt
1 Knoblauchzehe, fein gehackt
5 Eiertomaten, gehackt
3 EL Rotweinessig
1 EL Zucker
3 EL grüne Oliven, entsteint
2 EL Kapern*
Salz und Pfeffer
4 EL frisch gehackte glatte Petersilie
Ciabatta oder Panini, zum Servieren

1 Die Hälfte des Öls in einer großen Pfanne erhitzen. Sellerie und Zwiebeln zufügen und bei schwacher Hitze unter gelegentlichem Rühren 5 Minuten weich dünsten. Das restliche Öl und die Auberginen zugeben. Unter häufigem Rühren 5 Minuten köcheln, bis die Auberginen Farbe annehmen.

2 Knoblauch, Tomaten, Essig und Zucker zugeben und gut unterrühren. Den Deckel auflegen und 10 Minuten leise köcheln.

3 Oliven und Kapern unterrühren und mit Salz und Pfeffer abschmecken. Die Caponata in eine Servierschüssel füllen und auf Zimmertemperatur abkühlen lassen. Mit Petersilie bestreuen und mit frischem Brot servieren.

*Tipp

Suchen Sie für dieses Gericht nach sizilianischen Kapern. Sie sind in Salz eingelegt und werden vor der Verwendung abgespült. In Essig eingelegte Kapern sind nicht geeignet.

Käse-Tomaten-Toasts

Bruschetta

Servieren Sie diese köstlichen Happen als Canapés zum Aperitif oder als Vorspeise.

FÜR 4 PERSONEN

2 Sfilatini*

175 ml Pesto rosso

300 g Mozzarella di bufala, abgetropft und gewürfelt

1½ TL getrockneter Oregano

Pfeffer

2–3 EL Olivenöl

**Tipp*

Wenn Sie keine Sfilatini finden, nehmen Sie ein großes Ciabatta und halbieren die Scheiben.

1 Die Brote diagonal in Scheiben schneiden. Die Scheiben von beiden Seiten unter dem vorgeheizten Backofengrill goldbraun rösten.

2 Jede Brotscheibe mit Pesto rosso bestreichen und mit Mozzarella belegen. Mit Oregano und Pfeffer würzen.

3 Den Backofen auf 220 °C vorheizen. Ein großes Backblech mit Olivenöl beträufeln. Die Toasts nebeneinander auf das Blech legen und 5 Minuten backen, bis der Käse geschmolzen ist. Die Bruschettas aus dem Ofen nehmen und vor dem Servieren 5 Minuten ruhen lassen.

Gefüllte Tomaten

Pomodori alla siciliana

Als klassische Kombination aus sonnengereiften Tomaten, Oliven, Sardellen und frischen Kräutern ist dieses Gericht die Schlichtheit selbst. Am besten wird es italienisch, d. h. bei Zimmertemperatur, serviert. Sie können es aber auch heiß genießen.

FÜR 4 PERSONEN

8 große reife Tomaten

125 ml Olivenöl extra vergine

2 Zwiebeln, fein gehackt

2 Knoblauchzehen, zerdrückt

120 g Semmelbrösel

3 EL schwarze Oliven, entsteint und gehackt

8 Sardellenfilets in Öl, abgetropft und gehackt

2 EL frisch gehackte glatte Petersilie

1 EL frisch gehackter Oregano

4 EL frisch geriebener Parmesan

1 Einen dünnen Deckel von den Tomaten abschneiden. Die Samen vorsichtig auslöffeln. Die ausgehöhlten Tomaten kopfüber auf Küchenpapier abtropfen lassen.

2 100 ml Olivenöl in einer Pfanne erhitzen, Zwiebeln und Knoblauch zugeben und bei schwacher Hitze unter gelegentlichem Rühren 5 Minuten weich dünsten. Die Pfanne vom Herd nehmen und Semmelbrösel, Oliven, Sardellen und Kräuter unterrühren.

3 Die Tomaten mit der Semmelbröselmischung füllen und nebeneinander in eine Auflaufform stellen. Die Tomaten mit Parmesan bestreuen und mit dem restlichen Öl besprenkeln.

4 Den Backofen auf 180 °C vorheizen. Die Tomaten 20–25 Minuten backen, bis sie gar sind und der Belag goldbraun ist.

5 Die Tomaten aus dem Ofen nehmen und sofort oder bei Zimmertemperatur servieren.

An der Küste von Amalfi finden sich viele kleine Fischerdörfer, die sich, wie hier Minori, an steile Klippen schmiegen.

Frittierte Käsesandwiches

Mozzarella in carrozza

Diese neapolitanische Spezialität ist eine der köstlichsten Arten, Mozzarella zu servieren. Dieses Rezept ergibt einen herrlichen Snack für 2 Personen oder eine exzellente Vorspeise für 4.

FÜR 4 PERSONEN

Sauce

3 EL Olivenöl
1 Zwiebel, gehackt
2 Knoblauchzehen, fein gehackt
1 rote Paprika, entkernt und gehackt
400 g gewürfelte Tomaten aus der Dose
2 EL Tomatenmark
1 EL Zitronensaft
2 EL Wasser
Salz und Pfeffer

200 g Mozzarella di bufala
8 Scheiben Weißbrot vom Vortag, 1 cm dick und ohne Rinde
90 g Butter
4 Scheiben italienische Salami
Maiskeimöl, zum Frittieren
3 Eier
3 EL Milch
Salz und Pfeffer

1 Für die Sauce das Olivenöl in einer Pfanne erhitzen. Zwiebel und Knoblauch zufügen und bei schwacher Hitze unter gelegentlichem Rühren 5 Minuten weich dünsten. Die Paprika zufügen und unter gelegentlichem Rühren weitere 5 Minuten dünsten. Tomaten, Tomatenmark, Zitronensaft und Wasser unterrühren und alles mit Salz und Pfeffer abschmecken. Den Deckel auflegen und 15 Minuten köcheln.

2 Unterdessen den Mozzarella in 4 dicke Scheiben schneiden. Das Brot mit Butter bestreichen und den Mozzarella auf 4 Scheiben legen. Mit Salami belegen und mit den restlichen Brotscheiben abdecken. Die Sandwiches in Dreiecke schneiden, in Frischhaltefolie einpacken und in den Kühlschrank stellen.

3 Die Sauce vom Herd nehmen und im Topf leicht abkühlen lassen. Dann in einer Küchenmaschine oder im Mixer glatt pürieren. Die Sauce in einen sauberen Topf geben und erneut erhitzen.

4 Das Maiskeimöl in einer Fritteuse oder einer großen Pfanne auf 180–190 °C erhitzen, bis ein Brotwürfel in 30 Sekunden darin bräunt. Unterdessen Eier und Milch in einer kleinen Schüssel verquirlen und mit Salz und Pfeffer würzen. Die Brotdreiecke portionsweise in der Eimischung einweichen. In dem heißen Öl von beiden Seiten goldbraun frittieren. Mit einer Zange herausheben, auf Küchenpapier abtropfen lassen und warm halten, bis alle Dreiecke ausgebacken sind. Mit der Sauce servieren.

PASTA, REIS & PIZZA

Fragen Sie in einem Raum voller Menschen nach einem italienischen Gericht, und Sie werden mit Sicherheit von einigen Pasta zu hören bekommen, von anderen Risotto und von wieder anderen Pizza. Nach einem bestimmten Rezept gefragt, würde jeder Nudelliebhaber wahrscheinlich ein anderes nennen – genau wie die Fans von Pizza und Reis. Mit anderen Worten, Pizza, Pasta und Risotto sind überaus verbreitete und beliebte Gerichte – nicht nur in Italien, sondern auf der ganzen Welt.

Pasta

Für viele sind Nudelgerichte gleichbedeutend mit italienischer Küche, und es stimmt, dass Pasta in fast allen Teilen des Landes oft und gern gegessen wird. Traditionell werden Nudeln als erster der zwei Mittagsgänge serviert und nicht, wie außerhalb Italiens häufig, als Hauptgericht. Pasta ist nicht nur billig, sättigend und nahrhaft, sondern schmeckt auch zu allen möglichen Zutaten – Gemüse, Pilzen, Fleisch, Fisch, Meeresfrüchten, Kräutern und Käse – oder schlicht mit einem Schuss des besten Olivenöls beträufelt. Die Saucen können einfach oder raffiniert sein, zeitaufwändig oder schnell gemacht, doch wie immer in der italienischen Küche hängt ihr Erfolg von der Frische und Qualität der Zutaten ab.

Jedes Rezept schlägt eine passende Pastaform vor, doch nichts spricht dagegen, sie durch andere Nudeln zu ersetzen. Zu einer *Bolognese* (s. S. 70) werden traditionell Tagliatelle gegessen, doch Spaghetti sind inzwischen eine beliebte Alternative, und andere Bandnudeln schmecken genauso gut. Sie können statt einfacher Pasta gefärbte nehmen oder verschiedene Arten zur *Pasta tricolore* kombinieren.

Der Erfolg hängt von der Frische und Qualität der Zutaten ab

Überbackene Nudelgerichte wie der Klassiker *Lasagne al forno* (s. S. 79) wärmen an kalten Wintertagen, während simplere und leichtere Rezepte, wie zum Beispiel *Farfalle all'Alfredo* (s. S. 74), den idealen *Primo* für ein sommerliches Mittagessen im Freien bieten. Und wenn es auf Schnelligkeit ankommt, was könnte einfacher sein als *Linguine alla puttanesca* (s. S. 90)?

Frische Pasta ist typisch für Norditalien, während im Süden getrocknete vorherrscht, doch es ist im Grunde Geschmackssache, für welche Sie sich entscheiden. Wichtig ist, die Pasta so auf den Punkt zu kochen, dass sie gerade noch bissfest ist. Auch sollte man die Nudeln nicht zu gründlich abtropfen lassen und sie sofort in der Sauce, etwas Butter oder Olivenöl schwenken, damit sie nicht austrocknen.

Kein italienisches Bauwerk wird häufiger besichtigt als das Kolosseum in Rom.

Pasta richtig gekocht

Es gibt eine richtige Methode, Nudeln *al dente* zu kochen – weich, aber mit Biss. Bringen Sie in einem großen Topf reichlich leicht gesalzenes Wasser zum Kochen. Geben Sie die Pasta hinein und fangen Sie an, die Zeit zu messen, wenn das Wasser wieder zu kochen beginnt. Das Wasser darf nicht nur köcheln, sonst pappen die Nudeln aneinander, sondern es muss sprudelnd kochen, ohne Deckel. Frische Nudeln brauchen nur wenige Minuten, getrocknete meist 8–10, doch die Kochzeiten variieren. Beginnen Sie etwa zwei Minuten vor Ende der auf der Packung angegebenen Kochzeit mit der Garprobe. Nehmen Sie dazu eine Nudel aus dem Topf und zerbeißen Sie sie zwischen den Schneidezähnen. Wenn sie in der Mitte nicht mehr hart, aber noch bissfest ist, sind die Nudeln fertig. Gießen Sie die Nudeln ab. Schwenken Sie die Pasta sofort in der vorbereiteten Sauce oder etwas Olivenöl. Nudeln müssen direkt serviert werden, sonst pappen sie zusammen und sehen unappetitlich aus. Manche geben einen Esslöffel Olivenöl ins Kochwasser, damit die Nudeln nicht zusammenkleben, doch wenn man reichlich Wasser nimmt und es sprudelnd kochen lässt, ist das unnötig.

Welche Pasta?

Es bestehen keine festen Regeln, welche Saucen zu welchen Pastaformen passen, doch es gibt klassische Rezepte und einige hilfreiche Richtlinien. Saucen, die gut haften, wie solche mit Ei, Sahne, Käse, Olivenöl, Butter und Kräutern, eignen sich ideal für lange, dünne Nudeln. Grobe Saucen wiederum passen gut zu Nudelformen, die die Fleisch- oder Gemüsestücke wie kleine Gefäße aufnehmen.

Die Farbe von einfacher getrockneter Pasta ist ein gebrochenes Weiß, während Eiernudeln einen goldeneren Ton haben. Nudeln können auch mit anderen Zutaten gefärbt sein, die dem Teig beigemengt werden. Häufig sieht man Spinat (grün) und Tomate (rot). Zusammen mit ungefärbten Nudeln ergeben sie *Pasta tricolore.* Gelbe und grüne Eierbandnudeln heißen *Paglia e fieno* – Stroh und Heu. Aufsehen erregen können Sie mit schwarzen Nudeln, die mit der Tinte von Tintenfischen gefärbt sind – der Kontrast mit Meeresfrüchten wirkt besonders eindrucksvoll. Rote Bete erzeugt ein kräftiges Magentarot. Zu weiteren Farb- und Geschmacksrichtungen gehören Stein- und andere Pilze, Chillies und Paprika. Vollkornnudeln sind ebenfalls erhältlich, jedoch in weniger Varianten.

Lange Pastaformen

Bavette: schmale, ovale Nudeln, beliebt im Süden
Bucatini: hohle Nudeln, etwas dicker als Spaghetti, beliebt in Rom und Sizilien
Capelli d'angelo: „Engelshaar", sehr dünne Nudeln, die meist in Form von Nestern verkauft werden, klassisch in Suppen und als Kindergericht
Chitarra: Die „Gitarren" sind nach dem mit Metallsaiten bespannten Holzrahmen benannt, auf dem sie geschnitten werden. Sie haben einen eckigen Querschnitt.

Fettuccelle: gerade, flache Bandnudeln
Fettuccine: flache, recht schmale Bandnudeln, die ursprünglich aus Rom stammen und immer noch viel in Latium gegessen werden, sie werden in Nestern verkauft.
Fusilli lunghi: lange Spiralnudeln
Lasagnette: breite, flache Nudeln, manchmal mit gewellten Rändern
Linguine: „kleine Zungen", dünne Nudeln, die wie platt gedrückte Spaghetti aussehen
Linguinette: sehr dünne Linguine
Maccheroni: in Norditalien lange, dicke Röhrennudeln, im Süden meist kleine Nudeln, der Begriff wird auch allgemein für Nudeln verwendet.
Nastroni: kurze, breite Bandnudeln, wie Hobelspäne
Pappardelle: breite Bandnudeln, oft mit einem gewellten Rand, in der Regel Eiernudeln
Spaghetti: „kleine Schnüre", lange dünne Rundnudeln
Spaghettini: sehr dünne Spaghetti
Tagliarini: flache Bandnudeln, dünner als Tagliatelle
Tagliatelle: flache Bandnudeln, die ursprünglich aus Bologna stammen, werden in Nestern verkauft
Tonnarelli: flache Bandnudeln, ähnlich wie Tagliatelle, ebenfalls in Form von Nestern erhältlich
Trenette: schmale Bandnudeln, für gewöhnlich Eiernudeln, ursprünglich aus der Region Ligurien, wo sie traditionell mit der klassischen Basilikumsauce, dem Pesto, serviert werden
Vermicelli: „Würmchen", sehr dünne, hohle Nudeln
Zite: „Jungfrauen", heißen so, weil sie traditionell bei Hochzeiten in Süditalien serviert werden, dicke Röhrennudeln

Kurze Pastaformen

Es gibt Hunderte verschiedener Formen und noch mehr Bezeichnungen, denn dieselbe Form kann von Region zu Region unterschiedlich benannt sein. Und ständig entstehen neue Formen.

Benfatti: „gut gemacht", ein ironischer Name für die Nudeln aus den Teigresten, die bei der Herstellung anderer Formen übrig bleiben
Chifferi: kleine, kurze Hörnchennudeln, innen hohl und außen oft gerillt, auch *Chifferini, Chifferoni* oder *Chifferotti* genannt
Conchiglie: muschelförmige Nudeln, sehr beliebt, weil sie die Sauce so gut aufnehmen, in unterschiedlichen Größen von kleinen Suppennudeln bis zu großen Schalen, die gefüllt werden können, erhältlich. *Conchiglie rigate* haben eine gerillte Oberfläche.
Eliche: „Propeller", Spiralnudeln, leicht mit Fusilli zu verwechseln, in einer Vielzahl von Größen und Farben erhältlich
Elicoidali: „Helices" bzw. Spiralen, kurze gerillte und gedrehte Röhrchen
Farfalle: „Schmetterlinge", die fliegenförmigen Nudeln sind in verschiedenen Farben erhältlich und haben oft gezackte Ränder.
Fusilli: „Gewehre", so genannt, weil die Spiralen an einen Gewehrlauf erinnern. Im Gegensatz zu Eliche sind Fusilli selten gefärbt.
Garganelli: kurze, eingerollte Eierröhrennudeln, eine Spezialität aus der Emilia-Romagna
Gemelli: „Zwillinge" – zwei zusammengedrehte Teigstreifen
Lumache: „Schnecken", geformt wie ein Schneckenhaus. *Lumache rigate* sind gerillt.
Maccheroni: So heißen im Süden kleine gebogene Röhrennudeln, im Norden in der Regel die Bezeichnung für lange Röhrennudeln. Der Name wird auch für Nudeln generell verwendet.
Orecchiette: „Öhrchen", kleine flache, gewölbte Nudeln mit einer festen Konsistenz, eine Spezialität Apuliens
Penne: „Federn" genannt, da die Röhren wie Federkiele zum Schreiben schräg geschnitten sind. Es gibt glatte *(Penne lisce)* und gerillte Penne *(Penne rigate);* sehr beliebt in Italien wie außerhalb
Pipe: „Pfeifen", kleine gebogene Röhrennudeln, meist als *Pipe rigate,* geriffelte Röhrchen, erhältlich
Rigatoni: dicke, hohle und gerillte Nudeln, etwas fest zu kauen
Rotelle oder Ruote: „Räder", so genannt, weil sie wie Wagenräder aussehen, sehr beliebt bei Kindern und in

verschiedenen Farben zu haben, auch als *Ruote di carro* bekannt

Strozzapreti: wörtlich „Priesterwürger", bestehen aus zwei zusammengedrehten Teigsträngen. Nach der höflicheren Version der Geschichte geht der Name auf einen Priester zurück, der die Nudeln so gerne mochte, dass er sie zu gierig hinunterschlang und an ihnen erstickte. Wahrscheinlicher ist jedoch, dass der Ursprung in der historischen Feindschaft zwischen Kirche und Staat zu suchen ist.

Suppennudeln

Es gibt auch viele verschiedene Arten von *Pastina*, winzigen Nudelformen für klare Suppen und Brühen.

Acini di pepe: „Pfefferkörner"

Alfabeti: mittelgroße Buchstabennudeln, äußerst beliebt bei Kindern

Anellini: „Ringe", kleine bis mittlere Ringnudeln, die auch gerillt sein können

Conchigliette: „kleine Muscheln"

Farfalline: „kleine Schmetterlinge"

Fregola: winzige Nudeln, die an Couscous erinnern, eine sardische Spezialität

Funghetti: „Pilzchen"

Lumachine: „Schneckchen"

Occhi: winzige Nudelform

Orecchiettini: „winzig kleine Öhrchen"

Orzi: „Graupen"

Risi: „Reis"

Semi di melone: „Melonenkerne"

Stelle: „Sterne", mittelgroße Suppennudeln

Stellette: „Sternchen"

Tubetti: „Röhrchen"

Pasta zum Überbacken

Nudelgerichte mit Schichten aus Fleisch-, Fisch- oder Gemüsesauce, aufgefüllt mit einer sahnigen Béchamelsauce und mit Käse überbacken, werden stets mit Lasagne oder einer Variation davon zubereitet. Die Nudeln können auch wie Cannelloni zusammengerollt und gefüllt werden.

Lasagne: getrocknete dünne Nudelplatten von rechteckiger oder quadratischer Form. Manche Arten besitzen gewellte Ränder. Klassische Lasagne muss vor dem Backen gekocht werden. Dazu drei oder vier Platten in einen großen Topf mit reichlich leicht gesalzenem Wasser geben und 8 Minuten kochen, bis sie weich, aber noch bissfest sind. Die Platten mit einer Nudelzange herausnehmen und flach auf ein sauberes, feuchtes Küchentuch legen, während die nächsten kochen. Es gibt auch Lasagne, die nicht vorgekocht werden muss, doch die Garzeit des Gerichts kann sich dadurch erhöhen. Achten Sie auf die Hinweise des Herstellers.

Pasta zum Füllen

Agnolotti: halbmondförmige Nudeltaschen mit gewelltem Rand, eine Spezialität aus dem Piemont, traditionell mit Fleisch gefüllt

Cannelloni: „große Schilfrohre", große Röhrennudeln, in einfach, Spinat oder Vollkorn erhältlich. Benutzen Sie zum Füllen einen Teelöffel oder Spritzbeutel. Cannelloni sind größer als Ravioli oder Tortellini, also sind verschiedene Füllungen möglich.

Cappelletti: „Hütchen", die Quadrate werden diagonal um eine Füllung herum zusammengeklappt, dann zwei Ränder um eine Kante hochgebogen, sodass eine Krempe entsteht, eine Spezialität aus der Emilia-Romagna, traditionell mit Hackfleisch und Käse gefüllt. Man isst sie zu Weihnachten in einer klaren Brühe.
Pansotti: zu Dreiecken zusammengeklappte Quadrate, wobei die Füllung einen Kloß in der Mitte bildet, eine ligurische Spezialität, die traditionell mit Pecorino, hart gekochten Eiern und Spinat gefüllt und mit Walnusssauce serviert wird
Ravioli: vielseitige Nudeltaschen für alle möglichen Füllungen, meist quadratisch, können aber auch rechteckig, rund oder oval sein. Die Ränder sind gezackt. Ravioli werden manchmal in klarer Brühe serviert.
Tortellini: Die runden Teigstücke werden zusammengeklappt, um einen Finger gewickelt und die Enden zusammengedrückt. So sollen sie wie der Nabel der Venus aussehen. Die Spezialität aus Bologna wird klassisch mit Hackfleisch und Schinken gefüllt. Tortellini gibt es zu Weihnachten in klarer Brühe.
Tortelloni: größere Version der Tortellini

Reis

Reis besitzt in Italien einen höheren Stellenwert als in vielen anderen Ländern. Nie wird einfacher weißer Reis gereicht, und nie gilt er als bloße Beilage zu interessanteren Lebensmitteln. Risotto – die Verkleinerungsform von Reis – ist ein eigenständiger Gang, genauso wichtig wie der Fleisch- oder Fischgang, der ihm folgt. Das Gericht wurde geschaffen, um die besonderen Eigenschaften italienischer Reisarten optimal zu nutzen, und nur mit Risottoreis erreichen Sie die einzigartig cremige Konsistenz. Es ist typisch für die italienische Küche, dass viel Zeit und Sorgfalt auf die Zubereitung verwandt werden – ein Risotto duldet keine Eile beim Kochen. Die Flüssigkeit muss Kelle für Kelle langsam und unter ständigem Rühren zugegeben werden.

Saucen, die gut haften, wie solche mit Ei, Sahne, Käse, Olivenöl, Butter und Kräutern, eignen sich ideal für lange, dünne Nudeln

Risottos können mit einer Vielfalt von Zutaten zubereitet werden – Gemüse, Meeresfrüchten, Pilzen, Huhn oder Käse – jedoch nie mit Resten. Einige, wie der *Risotto ai quattro formaggi* (s. S. 99), sind sehr gehaltvoll, andere, wie der *Risotto alla milanese* (s. S. 98), täuschend einfach. Doch alle sind sie attraktiv und appetitanregend.

Pizza

Es kann nur noch wenige Orte auf der Welt geben, wo das Wort Pizza unbekannt ist, und die Beläge, die heutzutage erhältlich sind, reichen von nüchtern bis fantastisch. Klassische Pizzas sind jedoch selten mit vielen verschiedenen Zutaten belegt, die um die Aufmerksamkeit Ihrer Geschmacksnerven kämpfen. Der italienische Stil bevorzugt die Kombination einiger weniger, harmonierender und ausgewogener Geschmacksrichtungen.

Der klassische Pizzakäse ist Mozzarella, da er so wunderbar schmilzt. Nicht zufällig kommt der beste Mozzarella aus der Gegend um Neapel, die Geburtsstadt der Pizza. Es lohnt sich, einen guten Mozzarella zu kaufen, am besten einen aus Büffelmilch.

Seite 68/69: *Die traditionellen Fassaden, die man in Städten wie Venedig bewundern kann, sind viele Jahrhunderte alt.*

Tagliatelle mit Fleischsauce
Tagliatelle alla bolognese

Zu diesem weltberühmten Nudelgericht mit der Fleischsauce aus Bologna – Ragù – gehören traditionell Tagliatelle und keine Spaghetti. Verwenden Sie am besten Rindersteak.

FÜR 4 PERSONEN

4 EL Olivenöl
80 g Pancetta oder Speck, gewürfelt
1 Zwiebel, gehackt
1 Knoblauchzehe, fein gehackt
1 Karotte, gehackt
1 Selleriestange, gehackt
220 g Rindersteak, gehackt
120 g Hühnerleber, gehackt
2 EL passierte Tomaten
125 ml Weißwein
220 ml Rinderbrühe oder Wasser
1 EL frisch gehackter Oregano
1 Lorbeerblatt
Salz und Pfeffer
450 g Tagliatelle
frisch geriebener Parmesan, zum Servieren

1 Das Öl in einem großen Topf erhitzen. Pancetta oder Speck zugeben und bei mittlerer Hitze unter Rühren 3–5 Minuten bräunen. Zwiebel, Knoblauch, Karotte und Sellerie zugeben und weitere 5 Minuten dünsten.

2 Das Hackfleisch zugeben und bei starker Hitze 5 Minuten von allen Seiten anbraten. Die Leber unterrühren und weitere 2–3 Minuten braten. Passierte Tomaten, Wein, Brühe, Oregano und Lorbeerblatt zugeben und mit Salz und Pfeffer abschmecken. Aufkochen, die Hitze reduzieren, den Deckel auflegen und 30–35 Minuten köcheln.*

3 Unterdessen in einem großen Topf leicht gesalzenes Wasser zum Kochen bringen. Die Nudeln zugeben, wieder aufkochen und 8–10 Minuten bissfest garen. Die Nudeln abgießen, in eine vorgewärmte Schüssel geben, mit Öl beträufeln und gut vermengen.

4 Das Lorbeerblatt aus der Sauce entfernen. Die Nudeln mit der Sauce übergießen, durchmengen und sofort mit Parmesan servieren.

**Tipp*
Für eine Lasagne Lasagneplatten, Bolognese und Béchamelsauce (s. S. 79) aufschichten und im Ofen backen.

Pasta, Reis und Pizza haben aus den italienischen Restaurants längst ihren Siegeszug um die Welt angetreten.

Spaghetti mit Hackbällchen

Spaghetti con le polpette

Jede italienische „Mamma" kocht dieses Gericht auf ihre Weise – natürlich auf die beste.

FÜR 6 PERSONEN

1 Kartoffel, gewürfelt
400 g Rindersteak, gehackt
1 Zwiebel, fein gehackt
1 Ei
4 EL frisch gehackte glatte Petersilie
Salz und Pfeffer
Mehl, zum Bestäuben
5 EL Olivenöl
400 ml passierte Tomaten
2 EL Tomatenmark
400 g Spaghetti

Garnierung

6 frische Basilikumblätter, gezupft
frisch geriebener Parmesan

1 Die Kartoffel in einem kleinen Topf mit kaltem Wasser bedecken, 1 Prise Salz zugeben und aufkochen. 10–15 Minuten garen, dann abgießen. Zu einem Püree zerstampfen.

2 Kartoffel, Fleisch, Zwiebel, Ei und Petersilie in einer Schüssel vermischen, salzen und pfeffern. Die Arbeitsplatte mit Mehl bestäuben. Mit angefeuchteten Händen aus der Fleischmischung walnussgroße Bällchen formen und im Mehl wenden. Überschüssiges Mehl abschütteln.

3 Das Öl in einer Pfanne erhitzen und die Fleischbällchen bei mittlerer Hitze von allen Seiten 8–10 Minuten goldbraun braten.

4 Passierte Tomaten und Tomatenmark zugeben und weitere 10 Minuten kochen, bis die Sauce eingedickt ist.

5 Unterdessen in einem großen Topf leicht gesalzenes Wasser zum Kochen bringen. Die Nudeln zugeben, wieder aufkochen und 8–10 Minuten bissfest garen.

6 Die Nudeln abgießen, zur Sauce geben und gründlich darin wenden. In eine vorgewärmte Schüssel geben, mit Basilikum und Parmesan garnieren und sofort servieren.

Farfalle mit Sahne und Parmesan
Farfalle all'Alfredo

FÜR 4 PERSONEN
450 g Farfalle
25 g Butter
150 g Crème double
1 Prise frisch geriebene Muskatnuss
Salz und Pfeffer

Garnierung
4 EL Crème double
60 g frisch geriebener Parmesan, plus etwas mehr zum Servieren

So schlicht und simpel dieses römische Gericht auch ist, so köstlich schmeckt es.

1 In einem großen Topf leicht gesalzenes Wasser zum Kochen bringen. Die Nudeln zugeben, wieder aufkochen und 8–10 Minuten bissfest garen. Gründlich abgießen.

2 Butter und Crème double in einen großen Topf geben und aufkochen. Die Hitze reduzieren und 1 Minute köchelnd eindicken.

3 Die Pasta zugeben und bei schwacher Hitze gründlich in der Sauce wenden. Mit Muskatnuss, Salz und Pfeffer abschmecken. Crème double und Parmesan unterrühren und sofort mit etwas zusätzlichem Parmesan servieren.

Variation
Für ein gehaltvolleres Gericht in Schritt 2 die Butter zerlassen, 350 g Erbsen zugeben, 2–3 Minuten dünsten, dann erst die Crème double zufügen.

Fusilli mit Gorgonzola und Pilzen

Fusilli alla boscaiola

Diese köstliche Nudelsauce verkörpert die Philosophie der italienischen Küche: nur wenige Zutaten, diese aber von höchster Qualität.

FÜR 4 PERSONEN
350 g Spaghetti
3 EL Olivenöl
350 g Wildpilze*, in Scheiben geschnitten
1 Knoblauchzehe, fein gehackt
400 g Crème double
250 g Gorgonzola, zerpflückt
Salz und Pfeffer
2 EL frisch gehackte glatte Petersilie, zum Garnieren

1 In einem großen Topf leicht gesalzenes Wasser zum Kochen bringen. Die Nudeln zugeben, wieder aufkochen und 8–10 Minuten bissfest garen.

2 Unterdessen das Olivenöl in einem großen Topf erhitzen. Die Pilze zugeben und bei schwacher Hitze unter Rühren 5 Minuten dünsten. Den Knoblauch zugeben und weitere 2 Minuten dünsten.

3 Die Crème double zugeben, aufkochen und 1 Minute kochend eindicken. Den Käse bei schwacher Hitze unterrühren. Die Sauce darf nicht mehr kochen. Mit Salz und Pfeffer abschmecken und den Topf vom Herd nehmen.

4 Die Nudeln abgießen und gründlich in der Sauce wenden. Mit Petersilie garnieren und sofort servieren.

Tipp

Wildpilze schmecken sehr viel erdiger als kultivierte und passen daher besser zum Gorgonzola. Steinpilze sind besonders köstlich, aber eher teuer. Falls Sie gezüchtete Champignons verwenden, sollten Sie 25 g getrocknete Steinpilze zugeben, die Sie zuvor 20 Minuten in 200 ml heißem Wasser eingeweicht haben.

Nudelauflauf mit Pilzen
Crostata ai funghi

Unter Crostata *versteht man sowohl einen Kuchen als auch, wie hier, einen Auflauf mit Béchamelsauce und cremiger Füllung.*

FÜR 4 PERSONEN

140 g Fontina, in dünne Scheiben geschnitten
1 Portion heiße Béchamelsauce (s. S. 79)
80 g Butter, plus etwas mehr zum Einfetten
350 g gemischte Wildpilze, in Scheiben geschnitten
350 g Tagliatelle
2 Eigelb
Salz und Pfeffer
4 EL frisch geriebener Pecorino

1 Den Fontina in die Béchamelsauce rühren und beiseite stellen.

2 25 g Butter in einem großen Topf zerlassen. Die Pilze zugeben und bei schwacher Hitze unter Rühren 10 Minuten dünsten.

3 Unterdessen in einem großen Topf leicht gesalzenes Wasser zum Kochen bringen. Die Nudeln zugeben, wieder aufkochen und 8–10 Minuten bissfest garen. Abgießen, wieder in den Topf geben und mit der restlichen Butter, dem Eigelb und einem Drittel der Sauce verrühren. Mit Salz und Pfeffer abschmecken. Die Pilze gründlich untermischen.

4 Den Backofen auf 200 °C vorheizen. Eine Auflaufform einfetten und die Nudelmischung hineingeben. Mit der restlichen Sauce übergießen und mit Pecorino bestreuen.

5 Den Auflauf 15–20 Minuten goldbraun backen. Sofort servieren.

Der Dom von Florenz

Lasagne

Lasagne al forno

Für eine echte Lasagne brauchen Sie sehr viel Zeit, aber der Geschmack ist der Mühe wert.

FÜR 4 PERSONEN

Fleischsauce

3 EL Olivenöl
1 Zwiebel, fein gehackt
1 Selleriestange, fein gehackt
1 Karotte, fein gehackt
100 g Pancetta oder Speck, fein gehackt
180 g Rinderhack
180 g Schweinehack
100 ml trockener Rotwein
150 ml Rinderbrühe
1 EL Tomatenmark
Salz und Pfeffer
1 Gewürznelke
1 Lorbeerblatt
150 ml kochende Milch

Béchamelsauce

60 g Butter
60 g Mehl
500 ml Milch
1 Lorbeerblatt
Salz und Pfeffer
1 Prise frisch geriebene Muskatnuss

400 g Lasagne verdi
140 g Mozzarella, gewürfelt
140 g frisch geriebener Parmesan
60 g Butter, gewürfelt, plus etwas mehr zum Einfetten

1 Für die Fleischsauce das Olivenöl in einem großen Topf erhitzen. Zwiebel, Sellerie, Karotte, Pancetta und Hackfleisch zugeben und bei mittlerer Hitze unter Rühren 10 Minuten braten, bis das Fleisch rundum gebräunt ist.

2 Den Wein zugießen, aufkochen und kochend eindicken. Zwei Drittel der Brühe zugießen, aufkochen und kochend eindicken. Restliche Brühe und Tomatenmark zugeben. Mit Salz und Pfeffer abschmecken, Nelke, Lorbeerblatt und Milch zugeben. Abdecken und bei schwacher Hitze 1½ Stunden köcheln.

3 Für die Béchamelsauce die Butter zerlassen. Das Mehl einstreuen und bei schwacher Hitze unter Rühren 1 Minute anschwitzen. Den Topf vom Herd nehmen und die Milch nach und nach zugießen. Wieder auf den Herd stellen und unter Rühren eindicken. Das Lorbeerblatt zugeben und 2 Minuten köcheln. Das Lorbeerblatt entfernen und die Sauce mit Salz, Pfeffer und Muskatnuss abschmecken. Den Topf vom Herd nehmen und beiseite stellen.

4 In einem großen Topf leicht gesalzenes Wasser zum Kochen bringen. Die Lasagneplatten portionsweise zugeben und 10 Minuten kochen, bis sie gar, aber noch bissfest sind. Mit einer Zange herausheben und auf einem Küchentuch auslegen. Alternativ Lasagneplatten ohne Vorkochen verwenden.

5 Die Fleischsauce vom Herd nehmen und Nelke und Lorbeerblatt entfernen. Eine Auflaufform leicht einfetten. Den Boden mit Lasagneplatten auslegen und darauf eine Schicht Fleischsauce löffeln. Eine Schicht Béchamelsauce darüber geben und mit je einem Drittel von Mozzarella und Parmesan bestreuen. In dieser Reihenfolge weiter schichten, bis alle Zutaten verbraucht sind, dabei mit Béchamelsauce und Käse abschließen.

6 Den Backofen auf 200 °C vorheizen. Die Lasagne mit Butterwürfeln bestreuen und 30 Minuten backen, bis sie goldbraun ist.

Cannelloni mit Spinat und Ricotta
Cannelloni imbottiti

Die Kombination aus cremigem Ricotta mit Spinat taucht in zahlreichen italienischen Rezepten auf. Dieses stammt aus der Emilia-Romagna.

FÜR 4 PERSONEN
12 Cannelloni-Röhren, 7,5 cm lang
Butter, zum Einfetten

Füllung
140 g magerer Kochschinken*, gehackt
140 g TK-Spinat, aufgetaut und abgetropft
120 g Ricotta
1 Ei
3 EL frisch geriebener Pecorino
1 Prise frisch geriebene Muskatnuss
Salz und Pfeffer

Käsesauce
600 ml Milch
25 g Butter
2 EL Mehl
80 g Gruyère, gerieben
Salz und Pfeffer

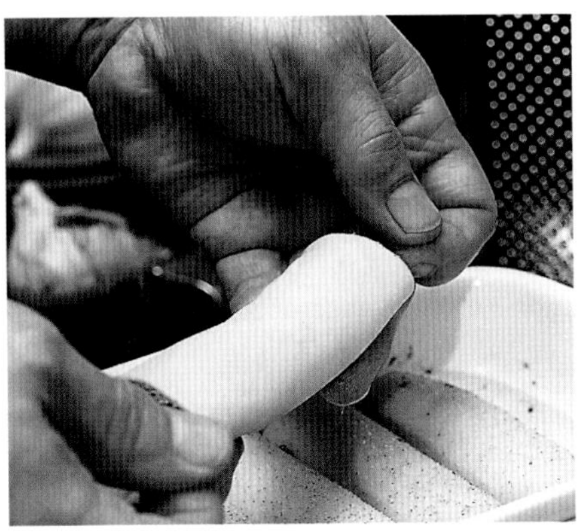

1 In einem großen Topf leicht gesalzenes Wasser zum Kochen bringen. Die Cannelloni zugeben und 6–7 Minuten kochen, bis sie fast gar sind. Abgießen, unter fließend kaltem Wasser abschrecken und auf einem Küchentuch auslegen.

2 Schinken, Spinat und Ricotta in eine Küchenmaschine geben und einige Sekunden mixen. Ei und Pecorino zugeben und nochmals mixen. Die Füllung mit Muskatnuss, Salz und Pfeffer abschmecken.

3 Eine Auflaufform einfetten. Die Füllung in einen Spritzbeutel mit Lochtülle (1 cm Durchmesser) geben. Vorsichtig eine Cannelloni öffnen, aufrecht hinstellen und die Füllung einspritzen. In die Auflaufform legen. Mit den anderen Cannelloni ebenso verfahren.

4 Für die Käsesauce die Milch stark erhitzen. Unterdessen die Butter in einem anderen Topf zerlassen. Das Mehl zur Butter geben und bei schwacher Hitze unter Rühren 1 Minute anschwitzen. Den Topf vom Herd nehmen und die heiße Milch langsam einrühren. Wieder auf den Herd stellen und unter ständigem Rühren aufkochen. Bei schwacher Hitze 10 Minuten unter Rühren köcheln, bis die Sauce eingedickt ist. Vom Herd nehmen, den Käse unterrühren und mit Salz und Pfeffer abschmecken.

5 Den Backofen auf 180 °C vorheizen. Die Cannelloni mit der Sauce übergießen und 20–25 Minuten im Ofen backen. Sofort servieren.

**Tipp*
Für eine vegetarische Variante ersetzen Sie den Schinken durch die gleiche Menge Pilze.

Frühlingsnudeln

Pasta primavera

Artischocken wachsen in Sizilien wild und werden in ganz Italien kultiviert, doch sie gelten als eine Spezialität der römischen Küche.

FÜR 4 PERSONEN

2 EL Zitronensaft
2 kleine Artischocken
100 ml Olivenöl
2 Schalotten, fein gehackt
2 Knoblauchzehen, fein gehackt
2 EL frisch gehackte glatte Petersilie
2 EL frisch gehackte Minze
350 g Rigatoni oder andere Röhrennudeln
12 rohe Riesengarnelen*
25 g Butter
Salz und Pfeffer

Seite 84/85: *Weinberge prägen vielerorts das Landschaftsbild Italiens.*

1 Eine Schüssel mit kaltem Wasser füllen und den Zitronensaft zugeben. Die Stiele und harten äußeren Blätter von den Artischocken entfernen. Die Blattspitzen abschneiden. Längs halbieren und die haarige Masse entfernen. Die Artischocken längs in 5 mm dicke Scheiben schneiden und in die Schüssel legen.

2 70 ml Öl in einer großen Pfanne erhitzen. Die Artischockenscheiben abgießen und mit Küchenpapier trockentupfen. Mit Schalotten, Knoblauch, Petersilie und Minze in die Pfanne geben und bei schwacher Hitze unter Rühren 10–12 Minuten dünsten.

3 Unterdessen in einem großen Topf leicht gesalzenes Wasser zum Kochen bringen. Die Nudeln zugeben, wieder aufkochen und 8–10 Minuten bissfest garen.

4 Die Garnelen schälen und den schwarzen Darmfaden entfernen. Die Butter in einer kleinen Pfanne zerlassen, die Garnelen halbieren und zugeben. Unter Rühren 2–3 Minuten braten. Mit Salz und Pfeffer abschmecken.

5 Die Nudeln abgießen und in einer Schüssel mit dem restlichen Olivenöl vermengen. Artischocken und Garnelen unterheben. Sofort servieren.

**Tipp*

Die großen Mittelmeergarnelen, in Italien als *Gamberoni* bekannt, sind eher zu empfehlen als die noch größeren Tigergarnelen, aber nicht immer zu finden.

Wütende Nudeln

Pasta all'arrabbiata

Die Nudeln sind verärgert, weil sie wegen der feurigen Chillies ausgesprochen scharf gewürzt sind. Dieses Gericht stammt aus Latium.

FÜR 4 PERSONEN

Grundsauce aus Tomaten

80 ml Olivenöl extra vergine
450 g Eiertomaten, gehackt
Salz und Pfeffer

150 ml trockener Weißwein
1 EL Pesto rosso
2 frische rote Chillies
2 Knoblauchzehen, fein gehackt
350 g Tortiglioni
4 EL frisch gehackte glatte Petersilie
Salz und Pfeffer
frisch gehobelter Pecorino, zum Garnieren

1 Für die Sauce das Olivenöl in einer Pfanne stark erhitzen. Die Tomaten zugeben und 2–3 Minuten kochen. Die Hitze reduzieren und weitere 20 Minuten köcheln, bis sie sehr weich sind. Mit Salz und Pfeffer abschmecken und durch eine Gemüsemühle in einen sauberen Topf passieren.

2 Wein, Pesto rosso, ganze Chillies und Knoblauch zugeben und aufkochen. Die Hitze reduzieren und sanft köcheln.

3 Unterdessen in einem großen Topf leicht gesalzenes Wasser zum Kochen bringen. Die Nudeln zugeben, wieder aufkochen und 8–10 Minuten bissfest garen.

4 Unterdessen die Chillies aus dem Topf nehmen und die Sauce abschmecken. Wer es schärfer mag, hackt die Chillies und gibt sie wieder in den Topf. Die Hälfte der Petersilie unterrühren.

5 Die Nudeln abgießen und in eine Schüssel geben. Mit der Sauce übergießen und gut vermengen. Mit der restlichen Petersilie und dem Pecorino bestreuen. Sofort servieren.

** Tipp*

Wenn die Zeit knapp ist, können Sie fertige Tomatensauce als Grundsauce verwenden, die Sie in den meisten Supermärkten erhalten. Sie können auch passierte Tomaten nehmen, doch dann wird die Sauce dünner.

Die Kirche San Biagio in der Nähe von Montepulciano

Radiatori mit Kürbissauce

Radiatori al sugo di zucca

Durch die langen Garzeiten können sich die Kürbisaromen in diesem süditalienischen Gericht optimal entfalten.

FÜR 4 PERSONEN

Sauce

60 g Butter

120 g weiße Zwiebeln oder Schalotten, sehr fein gehackt

Salz

800 g ganzer Kürbis

1 Prise frisch geriebene Muskatnuss

350 g Radiatori

200 g Sahne

4 EL frisch geriebener Parmesan, plus etwas mehr zum Garnieren

2 EL frisch gehackte glatte Petersilie

Salz und Pfeffer

1 Die Butter bei schwacher Hitze in einem Topf zerlassen. Die Zwiebeln zugeben, mit etwas Salz bestreuen, abdecken und unter häufigem Rühren 25–30 Minuten köcheln.

2 Die Kerne aus dem Kürbis entfernen, den Kürbis schälen und das Fruchtfleisch hacken. Den Kürbis in den Topf geben und mit Muskatnuss würzen. Den Deckel auflegen und bei schwacher Hitze 45 Minuten köcheln, dabei gelegentlich rühren.

3 Unterdessen in einem großen Topf leicht gesalzenes Wasser zum Kochen bringen. Die Nudeln zugeben, wieder aufkochen und 8–10 Minuten bissfest garen. Gründlich abgießen. Dabei 150 ml der Kochflüssigkeit aufbewahren.

4 Sahne, Parmesan und Petersilie zur Kürbissauce geben und mit Salz und Pfeffer abschmecken. Ist die Flüssigkeit zu dick, etwas Kochwasser zugeben. Die Nudeln zugeben und 1 Minute gründlich mischen. Mit Parmesan bestreuen und sofort servieren.

Variation

Sie können jede Art von Kürbis für dieses Gericht verwenden.

Linguine mit Sardellen, Oliven und Kapern
Linguine alla puttanesca

Dieses neapolitanische Gericht verdankt seinen Namen dem italienischen Wort Puttana, was übersetzt „Prostituierte" bedeutet. Allerdings scheint niemand zu wissen, warum.

FÜR 4 PERSONEN

Sauce

3 EL Olivenöl
2 Knoblauchzehen, fein gehackt
10 Sardellenfilets*, abgetropft und gehackt
140 g schwarze Oliven, entsteint und gehackt
1 EL Kapern, abgetropft
450 g Eiertomaten, gehäutet (s. S. 36), entkernt und gehackt
1 Prise Cayennepfeffer

Salz
400 g Linguine
2 EL frisch gehackte glatte Petersilie, zum Garnieren

1 Das Olivenöl in einer Pfanne erhitzen. Den Knoblauch zugeben und bei schwacher Hitze 2 Minuten dünsten. Die Sardellenfilets zugeben und mit einer Gabel zu einer Paste zerdrücken. Oliven, Kapern und Tomaten zugeben und mit Cayennepfeffer abschmecken. Abdecken und 25 Minuten köcheln.

2 Unterdessen in einem großen Topf leicht gesalzenes Wasser zum Kochen bringen. Die Nudeln zugeben, wieder aufkochen und 8–10 Minuten bissfest garen. Abgießen und in eine vorgewärmte Schüssel geben.

3 Die Sardellensauce zugeben und gründlich mit den Nudeln vermengen. Mit Petersilie garnieren und sofort servieren.

** Tipp*

Gesalzene Sardellen schmecken kräftiger als in Öl eingelegte, sind aber nicht so häufig zu bekommen. Wenn Sie sie finden, vor der Weiterverarbeitung 30 Minuten in kaltem Wasser einweichen und mit Küchenpapier trockentupfen.

Nudelpäckchen mit Meeresfrüchten

Spaghetti ai frutti di mare al cartoccio

Gebackene Nudelpäckchen haben zwar keine lange Tradition, erfreuen sich in Italien aber wachsender Beliebtheit. Sie harmonieren besonders gut mit Meeresfrüchten, da sie saftig bleiben und köstlich schmecken.

FÜR 4 PERSONEN

1 Krebs, ca. 1,5 kg, frisch gekocht
2 EL Olivenöl
2 frische rote Chillies, entkernt und fein gehackt
800 g gewürfelte Tomaten aus der Dose
225 ml trockener Weißwein
Salz und Pfeffer
350 g Spaghetti
450 g frische Muscheln
2 EL Butter
120 g küchenfertiger Tintenfisch (s. S. 181)
180 g rohe Riesengarnelen
3 EL frisch gehackte glatte Petersilie
1 EL frisch gezupfte Basilikumblätter

1 Den Krebs mit einer Hand hochhalten und fest auf die Arbeitsplatte aufschlagen, um den Panzer zu knacken. Mit den Daumen das Fleisch aus dem Panzer lösen. Die Scheren abschneiden und wegwerfen. Die Beine abschneiden und das Fleisch herauslösen.

2 Alle Schalen und Panzerreste aufbewahren. Das Krebsfleisch beiseite stellen. Die größeren Panzerstücke mit einem Nudelholz oder einem Fleischklopfer zerkleinern.

3 Einen Esslöffel Öl in einer großen Pfanne erhitzen. Die Hälfte von Chillies und Knoblauch sowie die Krebsschalen zugeben. Bei mittlerer Hitze unter Rühren 2–3 Minuten dünsten. Tomaten mit Saft und Wein zugießen. Die Hitze reduzieren und 1 Stunde köcheln. Die Sauce durch ein Sieb gießen, mit Salz und Pfeffer abschmecken und beiseite stellen.

4 In einem großen Topf leicht gesalzenes Wasser zum Kochen bringen. Die Nudeln zugeben, wieder aufkochen und 8–10 Minuten bissfest garen.

5 Die Muscheln unter fließend kaltem Wasser abbürsten. Alle beschädigten Muscheln und Muscheln, die sich beim Gegenklopfen nicht schließen, aussortieren.

6 Restliches Öl und Butter in einer großen Pfanne erhitzen. Restliche Chillies und Knoblauch zugeben und bei schwacher Hitze weich dünsten. Tintenfisch, Garnelen und Muscheln zugeben und bei starker Hitze 4–5 Minuten kochen. Den Topf vom Herd nehmen und alle nicht geöffneten Muscheln aussortieren.

7 Die Nudeln abgießen und zu den Meeresfrüchten geben. Tomatensauce, Petersilie und Basilikum zugeben und alles gut vermengen.

8 Den Backofen auf 180 °C vorheizen. 4 große Quadrate aus Backpapier ausschneiden. Jeweils eine Hälfte der Quadrate mit den Nudeln belegen. Die andere Papierhälfte darüber klappen und die Enden gut verschließen. Auf ein großes Backblech legen und 10 Minuten backen. Sofort servieren.

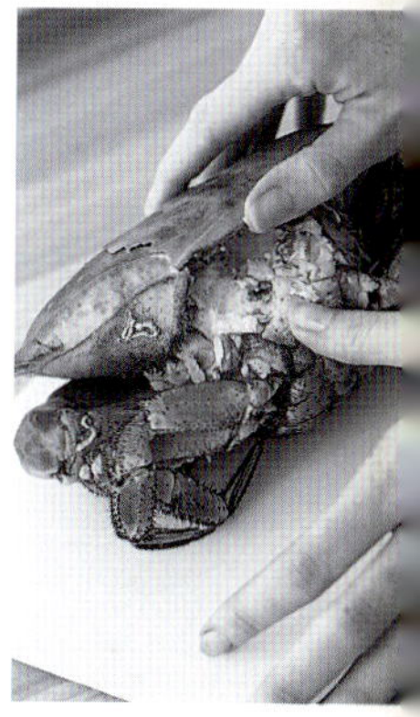

Spaghettiauflauf mit Lachs und Garnelen

Pasticcio di spaghetti con salmone affumicato e gamberoni

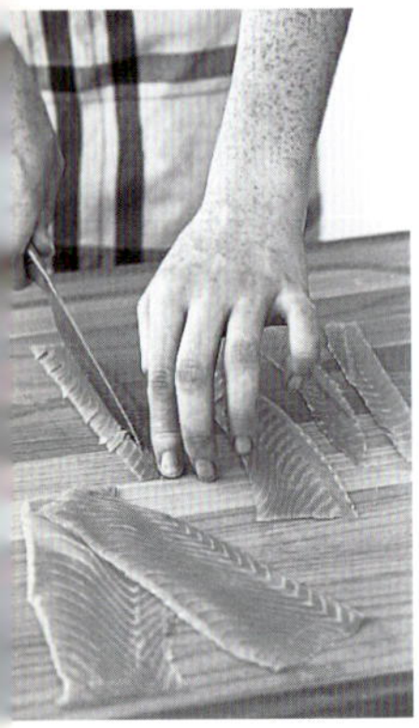

In modernen Restaurants in Italien und überall auf der Welt hat man die Kombination aus Lachs und Nudeln entdeckt, und sie erfreut sich großer Beliebtheit. Dies ist ein besonderes Gericht, jedoch erstaunlich einfach zuzubereiten.

FÜR 6 PERSONEN

70 g Butter, plus etwas mehr zum Einfetten
350 g Spaghetti
200 g Räucherlachs, in Streifen geschnitten
280 g gekochte Riesen- oder Tigergarnelen, ausgelöst
1 Portion Béchamelsauce (s. S. 79)
120 g frisch geriebener Parmesan

1 Eine große Auflaufform leicht mit Butter einfetten und beiseite stellen.

2 In einem großen Topf leicht gesalzenes Wasser zum Kochen bringen. Die Nudeln zugeben, wieder aufkochen und 8–10 Minuten bissfest garen. Abgießen, wieder in den Topf geben und 60 g Butter gründlich untermischen.

3 Die Hälfte der Spaghetti in die Auflaufform legen, mit Lachsstreifen abdecken und die Garnelen darauf legen. Mit der Hälfte der Béchamelsauce übergießen und mit Parmesan bestreuen. Die restlichen Spaghetti, die restliche Sauce und den restlichen Parmesan darüber geben. Die restliche Butter würfeln und über den Auflauf streuen.

4 Den Backofen auf 180 °C vorheizen. Den Auflauf 15 Minuten backen, bis er oben goldbraun ist. Sofort servieren.

Variation

Dieses Gericht schmeckt auch köstlich, wenn Sie anstelle des Lachses geräucherten Heilbutt verwenden und die Garnelen gegen geräucherte Muscheln austauschen.

Eine schmale Gasse in Gubbio

FÜR 4 PERSONEN

1 kg frische Muscheln
180 ml Wasser
180 ml trockener Weißwein
350 g Spaghetti
80 ml Olivenöl
2 Knoblauchzehen, fein gehackt
4 EL frisch gehackte glatte Petersilie
Salz und Pfeffer

In Italien wird dieses Gericht mit kleinen Muscheln, so genannten Vongole, *zubereitet. Sie können aber auch andere Muscheln verwenden, wie z. B. Venusmuscheln. Wenn Sie keine frischen bekommen, ersetzen Sie sie durch 280 g eingelegte Muscheln.*

Gondeln in Venedig

Spaghetti mit Muscheln

Spaghetti alle vongole

1 Die Muscheln unter fließend kaltem Wasser abbürsten. Alle beschädigten Muscheln und Muscheln, die sich beim Gegenklopfen nicht öffnen, aussortieren. Die Muscheln in einen großen Topf geben, Wasser und Wein zugießen, abdecken und bei starker Hitze 5 Minuten kochen. Den Topf dabei gelegentlich schütteln.

2 Die Muscheln mit einem Schaumlöffel herausnehmen und zum Abkühlen beiseite stellen. Ein Sieb mit Musselin auslegen und die Kochflüssigkeit durch das Sieb in einen kleinen Topf gießen. Kochend auf die Hälfte reduzieren, dann vom Herd nehmen. Unterdessen alle nicht geöffneten Muscheln aussortieren, die anderen aus den Schalen lösen und beiseite stellen.

3 In einem großen Topf leicht gesalzenes Wasser zum Kochen bringen. Die Nudeln zugeben, wieder aufkochen und 8–10 Minuten bissfest garen.

4 Unterdessen das Olivenöl in einer großen Pfanne erhitzen. Den Knoblauch zugeben und 2 Minuten andünsten. Petersilie und Kochsud zugeben und leicht köcheln.

5 Die Nudeln abgießen und mit den Muscheln in die Pfanne geben. Mit Salz und Pfeffer abschmecken und unter ständigem Rühren 4 Minuten durchwärmen, bis alles gut vermischt ist und die Muscheln heiß sind. In eine Schüssel geben und sofort servieren.*

**Tipp*
Dieses Gericht sollten Sie nicht mit Parmesan bestreuen, da Käse hier nicht passt.

Safranrisotto
Risotto alla milanese

FÜR 4 PERSONEN
1 Prise Safranfäden
4 EL kochendes Wasser
1,2 l Hühner- oder Gemüsebrühe
80 g Butter
2 Zwiebeln, fein gehackt
2 Knoblauchzehen, fein gehackt
350 g Arborio-Reis
150 ml trockener Weißwein
80 g frisch geriebener Parmesan
Salz und Pfeffer

1 Safran und kochendes Wasser in eine kleine Schüssel geben und beiseite stellen. Die Brühe in einen großen Topf gießen und aufkochen. Die Hitze reduzieren und leise köcheln.

2 60 g Butter in einem anderen großen Topf zerlassen. Zwiebeln und Knoblauch zufügen und bei schwacher Hitze unter gelegentlichem Rühren 5 Minuten weich dünsten. Den Reis zugeben und unter Rühren braten, bis die Körner glasig werden.

3 Den Wein zugießen und rühren, bis er fast vollständig aufgenommen wurde. Eine Kelle heiße Brühe zugeben und ständig rühren, bis der Reis die Brühe aufgenommen hat. Dann erst eine weitere Kelle Brühe zugeben und den Vorgang wiederholen. Nach 20 Minuten* sollte der Reis gar sein und die Flüssigkeit vollständig aufgenommen haben.

4 Safran mit Flüssigkeit, restliche Butter und Parmesan einrühren und mit Salz und Pfeffer abschmecken. 1–2 Minuten gründlich durchwärmen, dann sofort servieren.

** Tipp*
Der Reis muss in den ersten 10 Minuten unbedingt gerührt werden und am besten während der gesamten Garzeit. Wenn Sie Übung im Risottokochen haben, werden Sie „fühlen“, wann der Reis gerührt werden muss, und in den letzten 10 Minuten nur noch gelegentlich, statt ständig rühren.

Risotto mit viererlei Käse

Risotto ai quattro formaggi

Dies ist ein sehr gehaltvoller Primo, *der meist zu speziellen Anlässen serviert wird. Taleggio und Fontina lassen sich hervorragend schmelzen und machen dieses Gericht daher besonders cremig.*

FÜR 6 PERSONEN

1 l Gemüsebrühe
40 g Butter
1 Zwiebel, fein gehackt
350 g Arborio-Reis
200 ml trockener Weißwein
60 g Gorgonzola, zerkrümelt
60 g frisch geriebener Taleggio
60 g frisch geriebener Fontina
60 g frisch geriebener Parmesan
Salz und Pfeffer
2 EL frisch gehackte glatte Petersilie, zum Garnieren

1 Die Brühe in einen großen Topf gießen und aufkochen. Die Hitze reduzieren und köcheln.

2 Die Butter in einem anderen großen Topf zerlassen. Zwiebeln und Knoblauch zufügen und bei schwacher Hitze unter gelegentlichem Rühren 5 Minuten weich dünsten. Den Reis zugeben und unter Rühren braten, bis die Körner glasig werden.

3 Den Wein zugießen und rühren, bis er fast vollständig aufgenommen wurde. Eine Kelle heiße Brühe zugeben und ständig rühren, bis der Reis die Brühe aufgenommen hat. Dann erst eine weitere Kelle Brühe zugeben und den Vorgang wiederholen. Nach 20 Minuten sollte der Reis gar sein und die Flüssigkeit vollständig aufgenommen haben.*

4 Den Topf vom Herd nehmen und Gorgonzola, Taleggio, Fontina und ein Viertel des Parmesans vollständig unterrühren. Mit Salz und Pfeffer abschmecken. Den Risotto in eine vorgewärmte Schüssel füllen, mit dem restlichen Parmesan bestreuen, mit Petersilie garnieren und sofort servieren.

** Tipp*

In Italien sagt man, dass der Reis für einen guten Risotto am Topfboden haften muss. Gerade deshalb ist ein hochwertiger Topf wichtig, damit der Reis nicht anbrennt.

Risotto mit Meeresfrüchten
Risotto alla marinara

FÜR 4 PERSONEN
220 g rohe Garnelen
220 g frische Miesmuscheln
220 g frische Venusmuscheln
2 Knoblauchzehen, halbiert
1 Zitrone, in Scheiben geschnitten
600 ml Wasser
120 g Butter
1 EL Olivenöl
1 Zwiebel, fein gehackt
2 EL frisch gehackte glatte Petersilie
350 g Arborio-Reis
125 ml trockener Weißwein
220 g küchenfertiger Tintenfisch, in kleine Stücke geschnitten (s. S. 181), oder Tintenfischringe
4 EL Marsala
Salz und Pfeffer

Jede Stadt in den Reis anbauenden Regionen Italiens hat ihren eigenen Risotto – dieser gehört zu Venedig.

1 Die Garnelen schälen, Kopf und Schale aufbewahren und die schwarzen Darmfäden am Rücken entfernen. Die Garnelen beiseite stellen. Die Muscheln unter fließend kaltem Wasser abbürsten und die Bärte entfernen. Beschädigte Muscheln und Muscheln, die sich beim Gegenklopfen nicht schließen, aussortieren. Garnelenschalen und -köpfe in ein Stück Musselin legen und mit dem Nudelholz darauf klopfen und pressen. Die austretenden Säfte auffangen.

2 Knoblauch, Zitrone, Muscheln und Garnelensäfte in einen großen Topf geben. Das Wasser zugießen, abdecken und bei starker Hitze aufkochen. 5 Minuten kochen, dabei den Topf häufig schütteln. Die Muscheln in eine Schüssel geben, geschlossene Muscheln aussortieren. Den Kochsud durch ein mit Musselin ausgelegtes Sieb in einen Messbecher gießen. Mit Wasser auf 1,2 l auffüllen.

3 Die Flüssigkeit in einen sauberen Topf gießen. Aufkochen, die Hitze reduzieren und köcheln.

4 25 g Butter und Olivenöl in einem großen Topf erhitzen. Zwiebel und die Hälfte der Petersilie zufügen und bei schwacher Hitze unter gelegentlichem Rühren 5 Minuten weich dünsten. Den Reis zugeben und unter Rühren braten, bis die Körner glasig werden.

5 Den Wein zugießen und rühren, bis er fast vollständig aufgenommen wurde. Eine Kelle heiße Brühe zugeben und ständig rühren, bis der Reis die Brühe aufgenommen hat. Dann erst eine weitere Kelle Brühe zugeben und den Vorgang wiederholen. Nach 20 Minuten sollte der Reis gar sein und die Flüssigkeit vollständig aufgenommen haben.

6 Kurz bevor der Reis fertig ist, 60 g Butter in einem Topf zerlassen, den Tintenfisch zugeben und unter häufigem Rühren 3 Minuten anbraten. Die Garnelen zugeben und weitere 2–3 Minuten braten. Den Marsala zugießen, aufkochen und die Flüssigkeit verdampfen lassen.

7 Tintenfisch, Garnelen und Muscheln unter den Reis rühren, restliche Butter und Petersilie zugeben und alles mit Salz und Pfeffer abschmecken. Kurz durchwärmen und sofort servieren.

Reis mit Erbsen
Risi e bisi

Dieses berühmte Gericht ist eines der vielen Reisgerichte aus Venetien.

FÜR 4 PERSONEN

1 l Hühner- oder Gemüsebrühe

90 g Butter

3 Schalotten, fein gehackt

120 g Pancetta oder Speck, gewürfelt

280 g Arborio-Reis

150 ml trockener Weißwein

220 g Erbsen

Salz und Pfeffer

frisch gehobelter Parmesan, zum Servieren

1 Die Brühe in einen großen Topf gießen und aufkochen. Die Hitze reduzieren und köcheln.

2 60 g Butter in einem anderen Topf zerlassen. Schalotten und Pancetta oder Speck zugeben und bei schwacher Hitze unter gelegentlichem Rühren 5 Minuten weich dünsten. Den Reis zugeben und unter Rühren braten, bis die Körner glasig werden.

3 Den Wein zugießen und rühren, bis er fast vollständig aufgenommen wurde. Eine Kelle heiße Brühe zugeben und ständig rühren, bis der Reis die Brühe aufgenommen hat. Dann erst eine weitere Kelle Brühe zugeben und den Vorgang wiederholen.

4 Nach 10 Minuten die Erbsen zugeben und den Risotto weiter garen, dabei Kelle für Kelle die Brühe unterrühren. Nach weiteren 10 Minuten sollte der Reis gar sein und die Flüssigkeit vollständig aufgenommen haben.

5 Die restliche Butter unterrühren und mit Salz und Pfeffer abschmecken. Den Risotto in eine vorgewärmte Schüssel füllen, mit Parmesanhobeln garnieren und sofort servieren.

Variation

Ersetzen Sie Pancetta oder Speck durch gewürfelten Kochschinken, den Sie aber erst gegen Ende der Kochzeit zugeben.

Gefüllte Pizza
Calzone

Bei einer Calzone befindet sich der Pizzabelag als Füllung innerhalb des krustigen Teiges.

FÜR 4 PERSONEN
2 Portionen Pizzateig (s. S. 105)
Mehl, zum Bestäuben

Füllung
2 EL Olivenöl
1 rote Zwiebel, in dünne Ringe geschnitten
1 Knoblauchzehe, fein gehackt
400 g gewürfelte Tomaten aus der Dose
60 g schwarze Oliven, entsteint
Salz und Pfeffer

200 g Mozzarella, abgetropft und gewürfelt
1 EL frisch gehackter Oregano

1 Das Olivenöl in einer Pfanne erhitzen. Zwiebel und Knoblauch zugeben und bei schwacher Hitze 5 Minuten weich dünsten. Die Tomaten zugeben und weitere 5 Minuten unter Rühren kochen. Die Oliven einrühren und mit Salz und Pfeffer abschmecken. Vom Herd nehmen.

2 Den Teig in 4 Portionen teilen und jede auf einer bemehlten Arbeitsfläche zu einem Kreis von 20 cm Durchmesser ausrollen.

3 Die Tomatenmischung jeweils über eine Hälfte der Pizzaböden streichen, dabei einen Rand freilassen. Mit Mozzarella und Oregano bestreuen. Den Rand mit etwas Wasser bepinseln. Die unbelegte Hälfte über die belegte falten und die Ecken zusammendrücken.

4 Den Backofen auf 200 °C vorheizen. Die Calzone auf ein leicht geöltes Backblech legen und 15 Minuten im Ofen goldbraun und knusprig backen. Aus dem Ofen nehmen und vor dem Servieren 2 Minuten ruhen lassen.

Pizza mit Käse und Tomaten

Pizza Margherita

Mit ihren grünen, weißen und roten Zutaten – den italienischen Farben – wurde diese Pizza zu Ehren von Königin Margherita kreiert. Auch wenn sie mit diesem schlichten Belag allein schon köstlich schmeckt, kann sie als Basis für weitere Zutaten verwendet werden.

FÜR 2 PERSONEN

Teig

220 g Mehl, plus etwas mehr zum Bestäuben
1 TL Salz
1 TL Trockenhefe
1 EL Olivenöl, plus etwas mehr zum Bepinseln
6 EL lauwarmes Wasser

Belag

6 Tomaten, in dünne Scheiben geschnitten
180 g Mozzarella, abgetropft und in dünne Scheiben geschnitten
Salz und Pfeffer
2 EL frisch gezupfte Basilikumblätter
2 EL Olivenöl

1 Für den Teig Mehl und Salz in eine Schüssel sieben und die Hefe unterrühren. Eine Vertiefung in der Mitte formen und Öl und Wasser hineingießen. Mit einem Holzlöffel nach und nach die Trockenzutaten mit den nassen vermengen.

2 Den Teig auf eine bemehlte Arbeitsfläche legen und 5 Minuten kneten, bis er glatt und elastisch ist. In eine saubere Schüssel legen, mit eingeölter Frischhaltefolie abdecken und an einem warmen Ort 1 Stunde gehen lassen, bis er sein Volumen verdoppelt hat.

3 Den Teig noch einmal auf einer bemehlten Arbeitsfläche durchkneten, halbieren und jeweils zu etwa 5 mm dicken Platten ausrollen. Die Platten auf ein eingeöltes Backblech legen und die Ränder etwas nach oben biegen.

4 Tomaten- und Mozzarellascheiben abwechselnd auf den Teig legen. Mit Salz und Pfeffer würzen, mit Basilikum bestreuen und mit Öl beträufeln.

5 Den Backofen auf 230 °C vorheizen. Die Pizzas 20–25 Minuten im Ofen backen, bis der Rand knusprig und der Käse geschmolzen ist. Sofort servieren.

Variation

Für eine *Pizza Napoli* die Pizzaböden erst mit $4\frac{1}{2}$ TL Tomatenmark bestreichen, dann mit Tomaten und Mozzarella belegen. Halbierte Sardellenfilets auf der Pizza verteilen, mit Pfeffer würzen, mit Olivenöl beträufeln und wie oben backen.

Jahreszeitenpizza
Pizza quattro stagioni

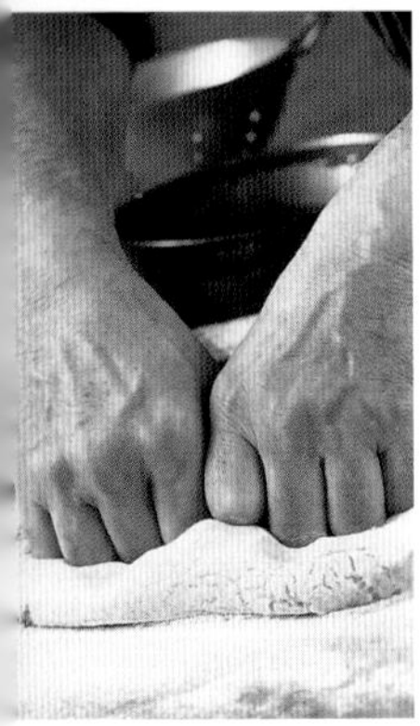

Diese Pizza wird in 4 Teile geteilt – jeder steht für eine Jahreszeit – und unterschiedlich belegt. Sie können die Zutaten nach Geschmack variieren.

FÜR 2 PERSONEN

1 Portion Pizzateig (s. S. 105)
Mehl, zum Bestäuben

Tomatensauce

2 EL Olivenöl
1 kleine Zwiebel, fein gehackt
1 Knoblauchzehe, fein gehackt
1 rote Paprika, entkernt und gehackt
220 g Eiertomaten, gehäutet (s. S. 36) und gehackt
1 EL Tomatenmark
1 TL brauner Zucker
1 EL frisch gehacktes Basilikum
1 Lorbeerblatt
Salz und Pfeffer

Belag

70 g eingelegte Muscheln oder Sardellenfilets, längs halbiert, oder gekochte Garnelen, ausgelöst
60 g Artischockenherzen, in dünne Scheiben geschnitten, oder eingelegte Spargelspitzen
1 Tomate, in Scheiben geschnitten
25 g Mozzarella, in Scheiben geschnitten
100 g Pilze oder Paprika, in Scheiben geschnitten
2 TL Kapern, abgespült
2 TL schwarze Oliven, entsteint und in Scheiben geschnitten
Salz und Pfeffer
2 EL Olivenöl, plus etwas mehr zum Bepinseln

1 Das Olivenöl in einem Topf erhitzen. Zwiebel, Knoblauch und Paprika zugeben und bei schwacher Hitze unter Rühren 5 Minuten weich dünsten. Tomaten, Tomatenmark, Zucker, Basilikum und Lorbeerblatt zugeben und mit Salz und Pfeffer abschmecken. Abdecken und 30 Minuten unter gelegentlichem Rühren köchelnd eindicken. Vom Herd nehmen und vollständig auskühlen lassen.

2 Den Teig noch einmal auf einer bemehlten Arbeitsfläche durchkneten, halbieren und jeweils zu etwa 5 mm dicken Platten ausrollen. Die Platten auf ein eingeöltes Backblech legen und die Ränder etwas nach oben biegen.

3 Die Platten fast bis an den Rand mit der Tomatensauce bestreichen. Ein Viertel mit Muscheln, Sardellenfilets oder Garnelen belegen. Ein Viertel mit Artischocken oder Spargel belegen. Auf das dritte Viertel abwechselnd Tomaten- und Mozzarellascheiben geben. Auf das letzte Viertel kommen Pilze oder Paprika. Die ganze Pizza mit Kapern und Oliven bestreuen, mit Salz und Pfeffer würzen und mit Öl beträufeln.

4 Den Backofen auf 220 °C vorheizen. Die Pizzas 20–25 Minuten backen, bis der Rand knusprig und der Käse geschmolzen ist. Sofort servieren.

Variation

Auch andere Beläge sind köstlich: Meeresfrüchte wie Garnelen, Muscheln und Tintenfischringe; mediterranes Gemüse wie Auberginen, Paprika, Tomaten, Zucchini und rote Zwiebeln; Wildpilze und Pinienkerne; scharfe Pepperoncini und Chillies

Pizza mit Meeresfrüchten

Pizza alla marinara

FÜR 2 PERSONEN

1 Portion Pizzateig (s. S. 105)
Mehl, zum Bestäuben
1 Portion Tomatensauce (s. S. 106)
220 g gemischte frische* Meeresfrüchte
½ rote Paprika, entkernt und gehackt
½ gelbe Paprika, entkernt und gehackt
1 EL Kapern, abgespült
60 g Taleggio, gerieben
3 EL frisch geriebener Parmesan
½ TL getrockneter Oregano
75 g eingelegte Sardellenfilets, abgetropft und klein geschnitten
10 schwarze Oliven, entsteint
Olivenöl, zum Beträufeln
Salz und Pfeffer

1 Den Teig noch einmal auf einer bemehlten Arbeitsfläche durchkneten, halbieren und jeweils zu etwa 5 mm dicken Platten ausrollen. Die Platten auf ein eingeöltes Backblech legen und die Ränder etwas nach oben biegen.

2 Die Tomatensauce bis fast an den Rand auf den Teig streichen. Meeresfrüchte, Paprika und Kapern auf der Pizza verteilen.

3 Mit Taleggio, Parmesan und Oregano bestreuen. Sardellenfilets und Oliven gleichmäßig auf der Pizza verteilen. Mit Olivenöl beträufeln und mit Salz und Pfeffer würzen.

4 Den Backofen auf 220 °C vorheizen. Die Pizzas 20–25 Minuten backen, bis der Rand knusprig und der Käse geschmolzen ist. Sofort servieren.

** Tipp*

Wenn Sie tiefgefrorene Meeresfrüchte verwenden, sollten Sie sie zuvor vollständig auftauen lassen.

In den Kühltheken gut sortierter Supermärkte finden Sie frische gemischte Meeresfrüchte mit Garnelen, Tintenfischringen, Muscheln und anderen Schalentieren. Sie schmecken meist besser als tiefgefrorene Meeresfrüchte.

FLEISCH & GEFLÜGEL

Fleisch- und Geflügelgerichte fallen traditionell in zwei Kategorien – es gibt solche für reiche und solche für arme Leute. Die Gerichte für Reiche verarbeiteten die besten Stücke der Tiere, die auf satten Weiden gemästet wurden. Die Gerichte für Arme, bei denen Fleisch sowieso seltener auf den Tisch kam, nutzten dagegen sanfte und lange Garmethoden, um zähere Stücke genießbar zu machen. Beide sind gleichermaßen köstlich.

Italiener essen verglichen mit einigen ihrer Nachbarn wenig Fleisch; mit ein Grund, warum die italienische Küche so gesund ist. Auch gehen sie sparsam mit ihren Lebensmitteln um, und kaum etwas wird weggeworfen. Innereien haben daher einen wesentlichen Anteil am Fleischverbrauch. Leber ist sehr beliebt, besonders die zarte Kalbsleber. Hühnerleber wird gern auf Pasta oder *Crostini* gegessen. Niere, Hirn und Bries gehören zu regionalen Spezialitäten, und Kutteln werden überall zubereitet. Ochsenschwanz, Kalbskopf, Schweins- und Kalbsfuß tauchen alle in traditionellen Gerichten auf.

Das mit Abstand beliebteste Fleisch in Italien ist Kalbfleisch. Kalb wird in allen Regionen gegessen, und die Zahl der Rezepte ist schier endlos. Die Qualität des Kalbfleischs hängt vom Alter ab, in dem das Tier geschlachtet wird – das beste und teuerste Fleisch stammt vom sehr jungen *Vitello di latte* und wird hauptsächlich in der Lombardei und im Piemont produziert. Kalb wird auf unterschiedliche Weise zubereitet: als *Scallopine* (Schnitzel) und *Piccate* (besonders dünnes Schnitzel), als *Ossobuco* von der Kalbshachse oder *Vitello tonnato* (s. S. 143) – dünn geschnittener kalter Kalbsbraten mit Thunfischsauce.

Viele italienische Bauern halten Schweine. Kein Stück des Tieres bleibt ungenutzt. Was nicht als

Kein Stück des Tieres bleibt ungenutzt. Was nicht als Braten, Schmorgericht, Schinken oder Speck taugt, wird zu Wurst verarbeitet.

Braten, Schmorgericht, Schinken oder Speck taugt, wird zu Wurst verarbeitet. Die Innereien liefern wertvolle Nahrung, und selbst Schnauze und Schwanz finden ihre Verwendung. Frisches Schweinefleisch wird auf unterschiedliche Weise zubereitet, von gebratenem Kotelett bis zum Filet in süß-saurer Sauce.

Lamm spielt eine große Rolle in der süditalienischen Küche und ist besonders in Latium beliebt. Wie beim Kalb bestimmen sich auch beim Lamm Qualität und Geschmack nach dem Schlachtalter. Das jüngste, zarteste und saftigste Fleisch ist unter dem Namen *Abbacchio* bekannt. Lammbraten kommt traditionell am Ostersonntag auf den Tisch, doch es gibt auch zahlreiche Rezepte für Lammkoteletts und geschmortes Lamm.

Rind ist in Italien von sehr unterschiedlicher Qualität. Toskanisches Rindfleisch gehört zu den besten der

Der Ponte Vecchio führt in Florenz über den Arno.

Welt, doch Fleisch aus dem Süden ist meist weniger zart und mager, vor allem weil die Tiere nicht in erster Linie als Schlachtvieh gehalten, sondern als Arbeitstiere eingesetzt werden. Fleischsaucen für Pasta und Fleischbällchen werden mit Rinderhack zubereitet, Steaks und Filets gegrillt. Die Oberschale wird geschnitten und als Roulade gefüllt; weniger zarte Stücke werden geschmort. Das berühmte *Carpaccio* (s. S. 46) besteht aus sehr dünn geschnittenem, rohem Rinderfilet und wird als Antipasto serviert.

Huhn ist in fast jedem Land der Welt eine beliebte und preiswerte Fleischsorte, und Italien macht da keine Ausnahme. In aller Regel teilt man es schon vor dem Kochen in portions- oder sogar mundgerechte Stücke, statt es im Ganzen zu braten oder zu schmoren.

Die meisten Hühner leben in Italien noch in Freilandhaltung.

Pute, Ente und Gans tauchen ebenfalls in unterschiedlichen Variationen auf, Letztere oft in Kombination mit Obst, um den hohen Fettgehalt auszugleichen. Die meisten Hühnchenrezepte können genauso mit Pute zubereitet werden.

Haar- und Federwild hat eine lange Tradition in der italienischen Küche und spielt nach wie vor eine große Rolle auf dem täglichen Speiseplan, vor allem in den südlichen Regionen. Seit Jahrhunderten sind die Italiener begeisterte Jäger, und Schonzeiten werden oft komplett ignoriert. Eine Folge davon ist der Rückgang der Wildschweine, einst ein Standardgericht in der Toskana und auf Sardinien. Junges Wildschwein wird wie Schwein zubereitet, während ältere Exemplare vor dem Braten oder Schmoren bis zu 24 Stunden mariniert werden.

Kaninchen und Hase werden häufig ebenso wie Huhn zubereitet; dazu gibt es oft gebratene Polenta. Zuchtkaninchen schmecken milder als ihre wilden Verwandten und sind weit verbreitet. Hasen lassen sich nicht als Haustiere halten und behalten daher

Italienische Schinken- und Wurstwaren sind auf der ganzen Welt berühmt. Hier hängen Schweineschinken und Salamis an der Wand.

Schmale, kopfsteingepflasterte Gassen schlängeln sich durch die alten Innenstädte.

immer ihren würzigen Wildgeschmack. Süß-saure Sauce ist zu Kaninchen wie Hase beliebt, und beide werden vor dem Garen in der Regel in Rotwein und Kräutern mariniert.

Früher wurden jedes Jahr tausende Wachteln geschossen, die im Sommer nach Italien zogen, doch inzwischen sind die Vögel selten geworden. Die meisten Wachteln stammen heute von Farmen und besitzen einen milderen, aber immer noch wildartigen Geschmack.

Perlhühner, obwohl eigentlich dem Wild zugeordnet, werden seit Jahrhunderten in ganz Europa gezüchtet. Sie haben in etwa die Größe kleiner Hühnchen und schmecken ähnlich, aber würziger. Auch sie werden auf viele Arten zubereitet, darunter gefüllt und gebraten oder im Schmortopf gegart.

Italiener lieben auch den kräftigen Geschmack der Wildtauben. Da die Vögel etwas zäh sein können, benutzt man in der Regel langsame Garmethoden.

In einem klassischen toskanischen Rezept werden die Tauben zum Beispiel erst mariniert und dann mit Tomaten und Oliven geschmort. Haustauben, die auf vielen Farmen gezüchtet werden, haben zwar keinen so kräftigen Geschmack, sind aber viel zarter als die wilden Vögel und eignen sich daher auch zum Braten.

Schinken- und Wurstwaren

Das vielseitige und nahezu allgegenwärtige Schwein liefert vorzügliche Schinken und Würste. Viele davon sind immer noch hausgemacht, und auch ein großer Teil der kommerziellen Produkte wird nach uralten traditionellen Methoden hergestellt. Praktisch jede Region hat ihre eigenen Spezialitäten.

Für seinen Prosciutto ist Italien weltberühmt. Den gepökelten und luftgetrockneten Schinken isst man am besten roh, oft als Antipasto, doch er kann auch kurz mitgegart werden, etwa als unverzichtbare Zutat in *Saltimbocca*. Parmaschinken, der wohl bekannteste Prosciutto, wird in einem gesetzlich festgelegten Gebiet um Parma produziert, das zwischen den Flüssen Baganzo und Taro liegt. Er stammt von Schweinen, die mit der Molke aus der Parmesanherstellung gefüttert werden, was einen süßen, milden Geschmack erzeugt. Der Schinken ist relativ fett, da die Schweine im Stall gehalten werden und keinen Freilauf haben. Der San-Daniele-Schinken aus dem gleichnamigen Ort im Friaul ist ebenfalls ein erstklassiger luftgetrockneter Prosciutto, den manche sogar dem Parmaschinken vorziehen. Da die Schweine frei herumlaufen, ist das Fleisch in der Regel magerer. Prosciutto wird noch an mehreren weiteren Orten produziert. Der Schinken sollte hauchdünn geschnitten und am besten noch am Kauftag verzehrt werden, da er schnell austrocknet.

Prosciutto cotto ist ein gekochter, häufig mit Kräutern gewürzter Schinken. Er eignet sich gut als Brotbelag und für kleine Snacks.

Bresaola heißt das Gegenstück zum Prosciutto vom Rind. Die lombardische Spezialität, am besten aus dünn geschnittenem Filet, wird gepökelt und dann mehrere Monate luftgetrocknet. Ein preiswerterer Bresaola wird aus der Keule gewonnen und ist weniger zart. Der Rinderschinken schmeckt nicht so salzig und feiner als Schweineschinken. Er wird als Antipasto mit etwas Olivenöl und Zitronensaft genossen. Kaufen Sie ihn wie Prosciutto in hauchdünnen Scheiben und verzehren Sie ihn so bald wie möglich.

Pancetta ist ein gepökelter und gewürzter Schweinebauchspeck. Ungeräucherter Pancetta wird meist in runden, gerollten Scheiben verkauft, geräucherter eher in dünnen Streifen. Er verleiht Pastasaucen und Schmorgerichten eine überraschende Würze und ist eine der Hauptzutaten von *Spaghetti alla carbonara*. Man bekommt ihn in italienischen Lebensmittelgeschäften. Ist Pancetta Ihnen zu fett, können Sie als Alternative auf durchwachsenen Speck zurückgreifen.

Salami ist eine Dauerwurst aus Schweinefleisch, die pur oder auf Pizza gegessen werden kann. Es gibt zahlreiche Varianten und regionale Spezialitäten mit unterschiedlichen Anteilen an magerem und fettem Fleisch sowie verschiedenen Beigaben und Gewürzen. Zu den häufigsten gehört die mit kleinen Fettstückchen gesprenkelte *Salame Milano,* die neben Schweinefleisch auch gehacktes Rindfleisch enthält und mit Weißwein, Knoblauch und Pfeffer gewürzt ist. Sie wird industriell gefertigt und gilt nicht als besonders hochwertig. Die *Salame di Felino* aus Parma hingegen ist nur leicht gesalzen und hat einen besonders milden, zarten Geschmack – und auch einen stolzen Preis. *Salame sardo* aus Sardinien und *Salame napoletano* aus Neapel sind mit rotem und schwarzem Pfeffer gewürzt, die toskanische Version, *Salame fiorentino,* mit Fenchel.

In vielen anderen Regionen werden noch zahlreiche andere Wurstwaren hergestellt. Eine der bekanntesten ist die unverkennbare Mortadella aus Bologna. Die große, milde Wurst mit weicher, glatter Konsistenz sollte aus reinem Schweinefleisch bestehen, doch billigere Arten können auch anderes Fleisch und sonstige Produkte enthalten. Die Wurst besitzt von Natur aus eine blassrosa Färbung, durchsetzt mit großen, weichen Fettstücken. Meiden Sie Mortadella in einem allzu kräftigen Rosa, denn sie ist künstlich gefärbt. Mortadella wird fast immer kalt als Brotaufschnitt oder Antipasto gegessen, doch man kann sie auch würfeln und zu Nudelsaucen und Risottos geben.

Italienische Kochwurst wird aber nicht nur in Bologna, sondern in allen Regionen des Landes in großer Vielfalt produziert. Zusätzlich zu den industriell gefertigten Wurstwaren verkaufen zahlreiche kleine Wurstgeschäfte ihre eigenen Produkte, die mit regionalen Zutaten von frischen Kräutern bis zu Wildpilzen gewürzt sind. Die meisten Würste bestehen aus grob gehacktem Schweinefleisch mit hohem Fettgehalt, doch einige der Spezialitäten werden auch aus Wildschwein oder Hirsch hergestellt.

Coppa, eine getrocknete und gesalzene Wurst aus Schweineschulter, ist eine Spezialität der Lombardei und der Emilia-Romagna. Die tiefrote Wurst in der Schwarte besitzt eine unregelmäßige, meist rechteckige Form. In Rom bezeichnet Coppa stattdessen eine Art Sülze.

Cotechino, eine leicht gewürzte und gesalzene Schweinewurst, wird in der Lombardei, der Emilia-Romagna und Venetien hergestellt. Die Wurst wiegt ein Kilogramm und enthält viel Schwarte, die auf Italienisch *Cotica* heißt. Cotechino ist eine der Hauptzutaten in *Bollito misto* (s. S. 122), und man isst sie auch gekocht und in Scheiben geschnitten zu Bohnen oder Linsen.

Luganega stammt aus Norditalien. Die lange Wurst aus Schweinefleisch wird als Meterware verkauft. Sie wird gegrillt oder gebraten und mit Kartoffelpüree oder Linsen serviert. Man kann sie auch grob gewürfelt in Risotto einrühren.

Zampone, ebenfalls eine häufige Zutat in *Bollito misto,* heißt ein gefüllter Schweinefuß, der anderthalb bis zwei Kilogramm wiegt. Kauft man ihn roh, muss er zu Hause zwei bis drei Stunden gekocht werden, doch er ist auch vorgekocht und luftdicht verpackt erhältlich. Zampone wird in Scheiben geschnitten und mit Linsen oder Kartoffelpüree serviert.

Seite 118/119: *Nächtliche Lichter in einer typischen italienischen Altstadt*

Gefüllte Frikadellen

Polpette sorpresa

Die Überraschung dieser Frikadellen ist, dass sie mit cremigem Fontina gefüllt sind. Sie können sie traditionell mit Bandnudeln servieren, doch Kinder werden Pommes frites dazu lieben.

FÜR 8 PERSONEN

500 g Rindersteak, gehackt
500 g Schweinehack
2 Knoblauchzehen, fein gehackt
60 g frische Semmelbrösel
50 g frisch geriebener Parmesan
1 TL getrockneter Oregano
½ TL gemahlener Zimt
abgeriebene Schale und Saft von 1 Zitrone
2 Eier, leicht verquirlt
Salz und Pfeffer
150 g Fontina
6 EL Olivenöl
140 g Paniermehl
frische glatte Petersilienzweige, zum Garnieren
frische Tomatensauce (s. S. 106) oder fertige Tomatensauce

1 Hackfleisch, Knoblauch, Semmelbrösel, Parmesan, Oregano, Zimt und Zitronenschale in einer Schüssel vermischen. Zitronensaft und Eier zugeben, mit Salz und Pfeffer würzen und gründlich vermischen.

2 Die Fleischmasse mit angefeuchteten Händen gut verkneten und 16 Bällchen formen.

3 Den Fontina in 16 Würfel schneiden und je 1 Würfel in ein Fleischbällchen drücken. Den Käse vollständig mit Fleisch umschließen.

4 Das Olivenöl in einer großen Pfanne erhitzen. Unterdessen das Paniermehl auf einen Teller geben und die Fleischbällchen darin wenden.

5 Den Backofen auf 180 °C vorheizen. Die Fleischbällchen portionsweise rundum goldbraun anbraten. Mit einem Schaumlöffel herausnehmen und in eine ofenfeste Form legen. 15–20 Minuten im Ofen garen. Mit Petersilie garnieren und sofort mit der Tomatensauce servieren.

Im Sommer ziehen die italienischen Seen zahlreiche Touristen an, doch außerhalb der Saison findet man hier noch Ruhe und Besinnlichkeit.

Gekochte Fleischvariationen
Bollito misto

Der italienische Name dieses Eintopfgerichts lautet übersetzt „gekochte Mischung", und es gibt zahlreiche Variationen. Huhn, Kalbshaxe und Rindfleisch werden ebenso verwendet, wie Schweinsfüße und Kalbsköpfe. Sie benötigen dazu einen sehr großen Topf.

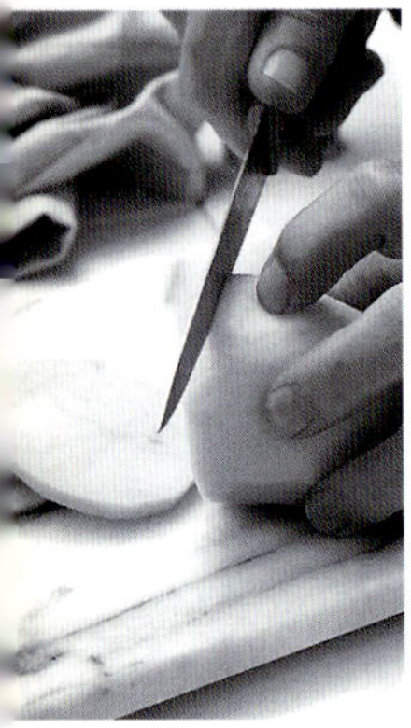

FÜR 8–10 PERSONEN

1 Kalbshaxe
1,8 kg Hühnerfleisch
700 g Oberschale vom Rind
6 Pfefferkörner
2 Lorbeerblätter
1 EL frisch gezupfte Basilikumblätter
2 TL frische Thymianblätter
1 kleiner Weißkohl, geviertelt und ohne Strunk
2 Selleriestangen, grob gehackt
2 Porreestangen, grob gehackt
450 g Karotten, in Scheiben geschnitten
12 Perlzwiebeln oder Schalotten, geschält
1 kg Kartoffeln, in Scheiben geschnitten
1 Cotechino, 30-cm-Stück Luganega oder eine andere Kochwurst
Salz und Pfeffer

Zum Servieren

Gewürzgurken
Silberzwiebeln
Mostarda di Cremona (nach Belieben)
grüner Salat

1 Die Kalbshaxe in einen sehr großen Topf legen. Den Topf zur Hälfte mit Wasser füllen, Salz zugeben und aufkochen. Den Schaum von der Oberfläche abschöpfen und 45 Minuten kochen.

2 Hühnerfleisch, Rindfleisch, Pfefferkörner, Lorbeerblätter, Basilikum und Thymian zugeben, abdecken und 1½ Stunden köcheln.

3 Weißkohl, Sellerie, Porree, Karotten, Zwiebeln oder Schalotten, Kartoffeln und Wurst zugeben. Eventuell mehr Wasser zugießen, um das Gemüse zu bedecken. Bei mittlerer Hitze erneut aufkochen, die Hitze reduzieren und 1 weitere Stunde köcheln, bis Fleisch und Gemüse gar sind. Mit Salz und Pfeffer abschmecken.

4 Kalbshaxe und Lorbeerblätter entfernen. Fleisch und Wurst auf ein Schneidebrett heben. Das Rindfleisch in Scheiben, Hühnerfleisch und Wurst in mundgerechte Stücke schneiden. Alles in der Mitte eines vorgewärmten Serviertellers platzieren.

5 Das Gemüse mit einem Schaumlöffel um das Fleisch herum anrichten. 4–5 Esslöffel der Kochflüssigkeit* über das Fleisch geben und sofort mit Gewürzgurken, Silberzwiebeln und eventuell Mostarda di Cremona servieren.

** Tipp*

Die aromatische Brühe wird meist separat als Suppe serviert.

Rindfleisch in Rotwein
Stufato alla fiorentina

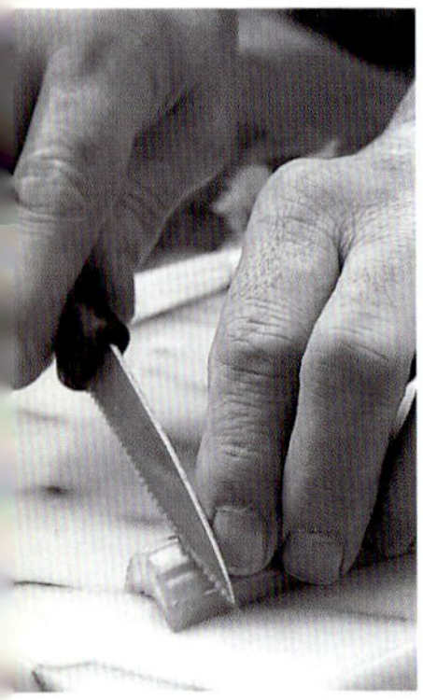

Neben ihrem Ruf, das beste Olivenöl der Welt zu produzieren, ist die Toskana auch berühmt für ihre schlichten Gerichte, in denen die verschiedensten Aromen perfekt miteinander harmonieren.

FÜR 4 PERSONEN

1,25 kg Oberschale vom Rind
Salz und Pfeffer
3 EL Olivenöl
1 rote Zwiebel, gehackt
1 Knoblauchzehe, fein gehackt
2 Karotten, in Scheiben geschnitten
2 Selleriestangen, in Scheiben geschnitten
300 ml Chianti
200 g gewürfelte Tomaten aus der Dose
1 EL frisch gehackter Oregano
1 EL frisch gehackte glatte Petersilie
1 Lorbeerblatt

1 Das Fleisch rundum mit Salz und Pfeffer würzen. Das Olivenöl in einem großen Topf erhitzen. Das Fleisch zugeben und bei mittlerer Hitze von allen Seiten braun anbraten. Mit 2 Gabeln aus dem Topf heben.

2 Die Hitze reduzieren. Zwiebel, Knoblauch, Karotten und Sellerie zugeben und unter gelegentlichem Rühren 5 Minuten weich dünsten. Den Rotwein zugießen. Tomaten, Oregano, Petersilie und Lorbeerblatt zugeben. Gründlich verrühren und aufkochen.

3 Den Backofen auf 180 °C vorheizen. Das Fleisch wieder in den Topf geben und die Gemüsemischung darüber löffeln. Abdecken und 3–3¼ Stunden im Ofen garen, bis das Fleisch zart ist. Dabei gelegentlich das Gemüse über das Fleisch heben.

4 Das Fleisch auf ein Schneidebrett geben und mit Alufolie abdecken. Den Topf auf den Herd stellen und den Bratensaft bei starker Hitze aufkochen und kochend eindicken.

5 Das Fleisch in Scheiben schneiden und auf einen vorgewärmten Servierteller legen. Den Bratensaft durch ein Sieb seihen, über das Fleisch gießen und sofort servieren.

Grillsteaks mit Tomaten und Knoblauch

Bistecca alla pizzaiola

Ursprünglich aus Neapel kommend, wo es schwierig ist, ein Gericht zu finden, das ohne die herrlich roten und aromatischen heimischen Tomaten serviert wird, hat diese Art, Steaks zuzubereiten, längst den Siegeszug um die Welt angetreten.

FÜR 4 PERSONEN

3 EL Olivenöl, plus etwas mehr zum Bepinseln
700 g Tomaten, gehäutet (s. S. 36) und gehackt
1 rote Paprika, entkernt und gehackt
1 Zwiebel, gehackt
2 Knoblauchzehen, fein gehackt
1 EL frisch gehackte glatte Petersilie
1 TL getrockneter Oregano
1 TL Zucker
Salz und Pfeffer
4 Entrecôte- oder Rumpsteaks, à ca. 180 g

1 Öl, Tomaten, Paprika, Zwiebel, Knoblauch, Petersilie, Oregano und Zucker in einen großen Topf geben und mit Salz und Pfeffer abschmecken. Aufkochen, die Hitze reduzieren und 15 Minuten köcheln.

2 Unterdessen das sichtbare Fett von den Steaks entfernen. Großzügig mit Pfeffer (kein Salz) würzen und mit Olivenöl bepinseln. Unter dem vorgeheizten Backofengrill 1 Minute von jeder Seite anbraten. Etwas tiefer hängen und je nach Geschmack garen: von jeder Seite 1½–2 Minuten englisch; 2½–3 Minuten medium; 3–4 Minuten durchgebraten.

3 Die Steaks auf vorgewärmte Portionsteller legen und mit der Sauce übergießen. Sofort servieren.

Schweinefilets mit Fenchel

Scaloppine di maiale con finocchio

In diesem reichhaltigen Gericht harmoniert die cremige Gorgonzola-Sauce perfekt mit dem Anisaroma von Fenchel und Sambuca.

FÜR 4 PERSONEN

450 g Schweinefilet

2–3 EL Olivenöl

2 EL Sambuca (s. S. 164)

1 große Fenchelknolle, in Scheiben geschnitten, das Grün aufbewahren

80 g Gorgonzola, zerbröselt

2 EL Sahne

1 EL frisch gehackter Salbei

1 EL frisch gehackter Thymian

Salz und Pfeffer

1 Das sichtbare Fett vom Fleisch entfernen und das Fleisch in 5 mm dicke Scheiben schneiden. Die Scheiben zwischen 2 Lagen Frischhaltefolie legen und mit dem Fleischklopfer oder Nudelholz plattieren.

2 Zwei Esslöffel Öl in einer großen Pfanne erhitzen und das Fleisch portionsweise* zugeben. Von jeder Seite 2–3 Minuten braten, bis es zart ist. Aus der Pfanne nehmen und warm halten. Mit dem restlichen Fleisch ebenso verfahren, eventuell mehr Öl zugeben.

3 Den Sambuca in die Pfanne geben, die Hitze reduzieren und unter ständigem Rühren aufkochen. Den Fenchel zugeben und 3 Minuten mitkochen. Aus der Pfanne nehmen und warm halten.

4 Die Hitze reduzieren, Gorgonzola und Sahne zugeben und glatt rühren. Die Pfanne vom Herd nehmen, Salbei und Thymian einrühren und mit Salz und Pfeffer abschmecken.

5 Fleisch und Fenchel auf 4 vorgewärmte Teller verteilen und mit der Sauce übergießen. Mit dem Fenchelgrün garnieren und sofort servieren.

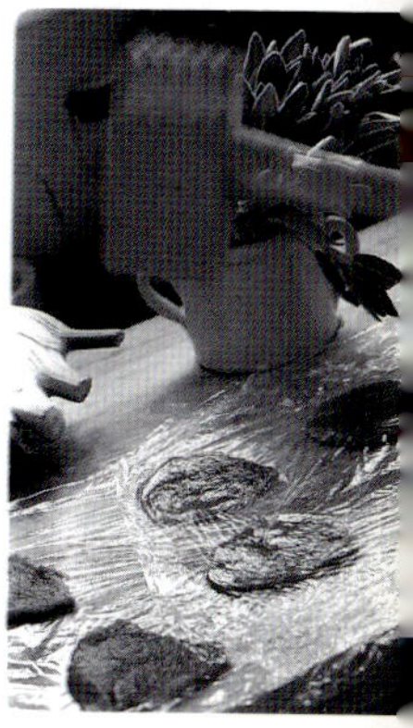

** Tipp*

Die Pfanne darf in Schritt 2 beim Braten des Fleisches nicht zu voll sein.

Auf den sanften Hügeln wird großflächig Landwirtschaft betrieb

Schweinelendchen mit Mozzarella
Scaloppine di maiale alla romana

FÜR 4 PERSONEN
450 g Schweinelende
2–3 Knoblauchzehen, fein gehackt
180 g Mozzarella di bufala, abgetropft
Salz und Pfeffer
12 Scheiben Prosciutto
12 frische Salbeiblätter
60 g Butter
Mostarda di Verona*, zum Servieren (nach Belieben)

Garnierung
glatte Petersilienzweige
Zitronenscheiben

Auch wenn viele Städte Rom den Ruf der gastronomischen Hauptstadt Italiens streitig zu machen versuchen, die Ewige Stadt trägt noch immer die Krone.

1 Alles sichtbare Fett vom Fleisch entfernen und das Fleisch quer in 2,5 cm dicke Scheiben schneiden. Jede Scheibe mit dem Nudelholz oder dem Fleischklopfer plattieren. Das Fleisch mit Knoblauch bestreuen, mit Frischhaltefolie abdecken und für ½–1 Stunde in den Kühlschrank stellen.

2 Den Mozzarella in 12 Scheiben schneiden. Das Fleisch mit Salz und Pfeffer würzen und jeweils mit 1 Scheibe Mozzarella belegen. Jeweils 1 Scheibe Prosciutto locker darauf legen. Jeweils 1 Salbeiblatt darüber legen und mit einem Zahnstocher fixieren.

3 Die Butter in einer großen Pfanne zerlassen. Das Fleisch, wenn nötig portionsweise, zugeben und von jeder Seite 2–3 Minuten braten, bis es gar und der Käse geschmolzen ist. Aus der Pfanne heben und warm halten, bis das gesamte Fleisch gebraten ist.

4 Die Zahnstocher entfernen. Das Fleisch auf 4 vorgewärmte Teller verteilen, mit Petersilie und Zitronenscheiben garnieren und sofort mit Mostarda di Verona servieren.

*Tipp
Mostarda di Verona wird aus Äpfeln hergestellt und ist in gut sortierten italienischen Feinkostläden erhältlich.

Fahrräder in Mailand

Seite 131/132: *Über den Dächern von Venedig*

Würstchen mit Borlotti-Bohnen

Luganega e fagioli

Diese leicht gewürzten Schweinewürste werden in ganz Italien hergestellt, doch die besten sollen aus der Lombardei kommen, auch wenn Venetien der größte Produzent ist.

FÜR 4 PERSONEN

2 EL Olivenöl
500 g Luganega oder eine andere italienische Wurst
140 g geräucherte Pancetta oder ein anderer Speck, gewürfelt
2 rote Zwiebeln, gehackt
2 Knoblauchzehen, fein gehackt
220 g getrocknete Borlotti-Bohnen*, über Nacht in kaltem Wasser eingeweicht
2 TL frisch gehackter Rosmarin
2 TL frisch gehackter Salbei
300 ml trockener Weißwein
Salz und Pfeffer
frische Rosmarinzweige, zum Garnieren
knuspriges Brot, zum Servieren

1 Das Öl in einer feuerfesten Kasserolle erhitzen. Die Würste zugeben und bei schwacher Hitze 10 Minuten braten. Dabei häufig wenden, damit sie rundum bräunen. Aus dem Topf nehmen und beiseite stellen.

2 Den Pancetta in die Kasserolle geben und bei mittlerer Hitze unter häufigem Rühren 10 Minuten goldbraun braten. Mit einem Schaumlöffel herausheben und beiseite stellen.

3 Die Zwiebeln zugeben und bei schwacher Hitze unter Rühren 5 Minuten weich dünsten. Den Knoblauch zugeben und weitere 2 Minuten dünsten.

4 Den Backofen auf 140 °C vorheizen. Die Bohnen abtropfen, die Flüssigkeit aufbewahren. Die Bohnen mit Würsten und Pancetta in die Kasserolle geben. Die Kräuter unterrühren und den Wein zugießen. 300 ml der Einweichflüssigkeit zugießen. Mit Salz und Pfeffer abschmecken. Bei schwacher Hitze aufkochen und 15 Minuten köcheln. In den Ofen geben und 2½–3 Stunden garen.

5 Die Kasserolle aus dem Ofen nehmen, Würste und Bohnen auf 4 vorgewärmte Teller verteilen. Mit Rosmarin garnieren und sofort mit knusprigem Brot servieren.

** Tipp*

Das bitter-süße Aroma der Borlotti-Bohnen kontrastiert perfekt zu den würzigen Würstchen und dem geräucherten Pancetta. Sie können aber auch andere Bohnen, wie z. B. weiße Bohnen, verwenden.

Schweinebraten
Arrosto alla perugina

Dieser herrlich saftige Braten aus Perugia kann mit grünen Bohnen, einer Peperonata *(s. S. 205) oder auch kalt mit einem knackigen Salat serviert werden.*

FÜR 6 PERSONEN

1,6 kg Schweinelende, entbeint und gerollt*

4 Knoblauchzehen, längs in dünne Scheiben geschnitten

1 ½ TL frisch gehackte Fenchelsamen oder ½ TL getrockneter Fenchel

4 Gewürznelken

Salz und Pfeffer

300 ml trockener Weißwein

300 ml Wasser

1 An der Schweinelende rundum mit einem scharfen Messer kleine Einschnitte vornehmen und daraus kleine Taschen formen. Den Knoblauch in ein kleines Sieb geben und unter fließend kaltem Wasser befeuchten. Den Fenchel auf einem Teller ausstreuen und den Knoblauch darin wälzen. Knoblauchscheiben und Gewürznelken in die kleinen Fleischtaschen stecken. Das Fleisch rundum mit Salz und Pfeffer würzen.

2 Den Backofen auf 150 °C vorheizen. Das Fleisch in eine große Auflaufform legen. Wein und Wasser zugießen. Im Backofen 2½–3 Stunden garen, dabei häufig mit dem Bratensaft begießen. Das Fleisch soll zart, aber noch saftig sein.

3 Soll der Braten heiß serviert werden, auf ein Schneidebrett legen und in Scheiben schneiden. Wird er kalt serviert, in dem Bratensaft abkühlen lassen, dann erst in Scheiben schneiden.

** Tipp*

Bereits entbeinte und gerollte Schweinelende finden Sie in den meisten Supermärkten und beim Metzger. Sie können aber auch Ihren Metzger bitten, eine Lende frisch für Sie vorzubereiten.

Lamm mit schwarzen Oliven

Agnello alla Basilicata

Wie Abruzzen liegt auch Basilicata im Spann von Italiens „Fuß". Feurige Peperoncini gelten als Spezialität beider Regionen.

FÜR 6 PERSONEN

6 EL Olivenöl
1 Zwiebel, gehackt
2 Knoblauchzehen, gehackt
1,25 kg Lammkeule, entbeint und in 2,5 cm große Würfel geschnitten
2 getrocknete Peperoncini* oder andere rote Chillies
180 ml trockener Weißwein
180 ml schwarze Oliven, entsteint
2 EL frisch gehackte glatte Petersilie, plus etwas mehr zum Garnieren
Salz

1 Das Öl in einer Kasserolle erhitzen. Zwiebel und Knoblauch zugeben und 5 Minuten bei schwacher Hitze unter gelegentlichem Rühren weich dünsten.

2 Das Fleisch zugeben und unter häufigem Rühren 5 Minuten rundum bräunen. Chillies und Wein zugeben und weitere 5 Minuten kochen. Oliven und Petersilie unterrühren und mit Salz abschmecken.

3 Den Backofen auf 180 °C vorheizen. Die Kasserolle 1½ Stunden im Ofen garen, bis das Lamm schön zart ist. Mit Petersilie garnieren und sofort servieren.

** Tipp*

Peperoncini werden nicht ohne Grund auch als „kleine Teufel" bezeichnet. Wenn Sie es milder mögen, sollten Sie daher die angegebene Menge halbieren oder eine andere Chilisorte wählen.

Lamm mit Röstzwiebeln

Agnello alla perugina

Gebratene Lammhaxen werden mit Knoblauch und Rosmarin aromatisiert und mit süßen roten Zwiebeln sowie glasierten Karotten serviert. Dazu brauchen Sie nur noch eine Flasche fruchtigen Rotwein.

FÜR 4 PERSONEN

4 Lammhaxen, à ca. 350 g
6 Knoblauchzehen
2 EL Olivenöl
1 EL frisch gehackter Rosmarin
Pfeffer
4 rote Zwiebeln
Salz
350 g Karotten, in Stifte geschnitten
4 EL Wasser

1 Alles sichtbare Fett von den Haxen entfernen. Mit einem kleinen scharfen Messer 6 kleine Einschnitte in jede Haxe machen. Die Knoblauchzehen längs in je vier Scheiben schneiden und in die Einschnitte stecken.

2 Den Backofen auf 180 °C vorheizen. Die Haxen nebeneinander in eine große Form legen, mit Olivenöl beträufeln, mit Rosmarin bestreuen und mit Pfeffer würzen. 45 Minuten im Ofen rösten.

3 Die Zwiebeln einzeln in Alufolie einpacken. Die Form aus dem Ofen nehmen und die Lammhaxen salzen. Die Zwiebeln auf den Rost neben die Form legen und alles wieder in den Ofen schieben. Weitere 1–1¼ Stunden garen, bis das Lamm sehr zart ist.

4 Unterdessen in einem großen Topf Wasser zum Kochen bringen. Die Karotten zugeben und 1 Minute blanchieren. Abgießen und unter fließend kaltem Wasser abschrecken.

5 Die Form aus dem Ofen nehmen und das Fleisch auf einen vorgewärmten Servierteller legen. Jegliches Fett aus der Form abschöpfen und die Form bei mittlerer Hitze auf den Herd stellen. Die Karotten zugeben und 2 Minuten dünsten. Das Wasser zugießen, aufkochen und unter ständigem Rühren 2 Minuten köcheln.

6 Karotten und Sauce zum Fleisch geben. Die Zwiebeln aus dem Ofen nehmen und auspacken. Etwa 1 cm vom oberen Rand abschneiden und die Zwiebeln zum Gericht geben. Sofort servieren.

Lamm mit Rosmarin und Marsala

Agnello al rosmarino e Marsala

Am Ostersonntag zum Ende der Fastenzeit einen zarten Lammbraten zu servieren, hat nicht nur in Italien, sondern im gesamten Mittelmeerraum Tradition.

FÜR 6 PERSONEN

1,8 kg Lammkeule

2 Knoblauchzehen, in dünne Scheiben geschnitten

2 EL Rosmarinblätter

100 ml Olivenöl

Salz und Pfeffer

900 g Kartoffeln, in 2,5 cm große Würfel geschnitten

6 frische Salbeiblätter, gehackt

150 ml Marsala

1 Mit einem kleinen scharfen Messer kleine Einschnitte in der Keule vornehmen und sie zu Täschchen formen. Die Knoblauchscheiben und etwa die Hälfte des Rosmarins in die Täschchen stecken.

2 Den Backofen auf 220 °C vorheizen. Das Lamm in eine Auflaufform geben und die Hälfte des Öls darüber löffeln. Das Fleisch 15 Minuten im Backofen bräunen.

3 Die Temperatur auf 180 °C reduzieren. Das Lamm aus dem Ofen nehmen, mit Salz und Pfeffer würzen. Das Fleisch wenden und 1 weitere Stunde im Ofen garen.

4 Unterdessen die Kartoffeln in eine zweite Auflaufform geben, mit dem restlichen Öl beträufeln und gut darin wenden. Mit dem restlichen Rosmarin und dem Salbei bestreuen. Die Kartoffeln in den Ofen geben und mit dem Lamm 40 Minuten rösten.

5 Das Fleisch aus dem Ofen nehmen, wenden und mit dem Marsala übergießen. Weitere 15 Minuten im Ofen rösten.

6 Das Fleisch auf ein Schneidebrett geben und mit Alufolie abdecken. Die Auflaufform auf den Herd stellen und den Bratensaft bei starker Hitze aufkochen und kochend eindicken. Die Sauce in ein vorgewärmtes Schälchen füllen.

7 Das Fleisch in Scheiben schneiden und mit Kartoffeln und Sauce servieren.

Kalbfleisch mit Thunfischsauce

Vitello tonnato

Kalb ist das beliebteste Fleisch Italiens, und es gibt hunderte verschiedener Rezepte. Zu ihnen gehört auch dieser kalte Klassiker, der am Vortag zubereitet werden sollte. Wenn Sie nur eine gerollte Lende finden, muss sie vor dem Marinieren auseinander gerollt werden.

FÜR 4 PERSONEN

750 g Kalbslende, entbeint
2 Karotten, in dünne Scheiben geschnitten
1 Zwiebel, in dünne Ringe geschnitten
2 Selleriestangen, in dünne Scheiben geschnitten
2 Gewürznelken
2 Lorbeerblätter
1 l trockener Weißwein
Salz und Pfeffer
140 g eingelegter Thunfisch, abgetropft
4 Sardellenfilets, abgetropft und fein gehackt
60 g Kapern, abgespült und fein gehackt
60 g Gewürzgurken, abgetropft und fein gehackt
2 Eigelb
4 EL Zitronensaft
125 ml Olivenöl extra vergine

Garnierung
Zitronenscheiben
frische glatte Petersilie

1 Das Fleisch in eine große Schale legen und Karotten, Zwiebel, Sellerie, Nelken und Lorbeerblätter zugeben. Den Wein zugießen und das Fleisch gründlich darin wenden. Mit Frischhaltefolie abdecken und im Kühlschrank über Nacht marinieren.

2 Das Fleisch aus der Marinade nehmen, die Marinade aufbewahren. Das Fleisch in einem Stück Musselin aufrollen und zusammenbinden, damit es die Form behält. In einen großen Topf legen. Die Marinade in einen anderen Topf gießen und aufkochen. Über das Fleisch gießen und kochendes Wasser zugießen, bis das Fleisch bedeckt ist. Mit Salz und Pfeffer würzen. Die Hitze reduzieren und 1½ Stunden köcheln, bis das Fleisch zart, aber noch fest ist.

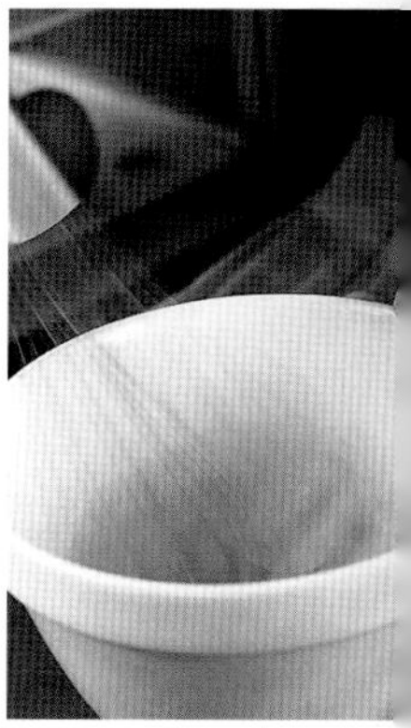

3 Das Fleisch auf einen Teller legen und abkühlen lassen, dann bis zum Servieren kalt stellen.

4 Thunfisch, Sardellen, Kapern und Gurken in einem Mixer oder einer Küchenmaschine glatt pürieren. Eigelb und Zitronensaft in einer Schüssel verrühren. Das Olivenöl erst tropfenweise, dann in einem dünnen Strahl zugießen und weiterrühren. Wenn das gesamte Öl eingerührt ist, die Thunfischmischung unterrühren und etwa 2 Esslöffel des kalten Kochsuds zugeben. Mit Salz und Pfeffer abschmecken. Mit Frischhaltefolie abdecken und bis zum Verzehr in den Kühlschrank stellen.

5 Zum Servieren das Fleisch auspacken und mit Küchenpapier trockentupfen. Mit einem scharfen Messer in 3–5 mm dünne Scheiben schneiden und diese auf einem Servierteller nebeneinander legen. Die Thunfischsauce durchrühren und über das Fleisch löffeln. Mit Zitronenscheiben und Petersilie garnieren und servieren.

Mailänder Kalbfleisch
Ossobuco

Dieser reichhaltige Eintopf aus Kalbfleisch, Zwiebeln und Porree ist das Nationalgericht Mailands. Traditionell wird er mit Safranrisotto (s. S. 98) serviert, der auch unter dem Namen Risotto alla milanese *bekannt ist.*

FÜR 4 PERSONEN

1 EL Olivenöl
4 EL Butter
2 Zwiebeln, gehackt
1 Porreestange, gehackt
3 EL Mehl
Salz und Pfeffer
4 dicke Beinscheiben vom Kalb (Ossobuco)
300 ml Kalbs- oder Hühnerbrühe
300 ml Weißwein

Gremolata
2 EL frisch gehackte Petersilie
1 Knoblauchzehe, fein gehackt
abgeriebene Schale von 1 Zitrone

1 Öl und Butter in einer großen Pfanne erhitzen. Zwiebeln und Porree zugeben und bei schwacher Hitze unter gelegentlichem Rühren 5 Minuten weich dünsten.

2 Das Mehl auf einen Teller streuen und mit Salz und Pfeffer würzen. Das Fleisch von beiden Seiten im Mehl wenden, überschüssiges Mehl abschütteln. Das Fleisch in die Pfanne geben, die Temperatur erhöhen und von beiden Seiten braun anbraten.

3 Nach und nach Brühe und Wein zugießen und unter ständigem Rühren aufkochen. Die Hitze reduzieren und 1¼ Stunden köcheln, bis das Fleisch sehr zart ist.

4 Unterdessen für die Gremolata Petersilie, Knoblauch und Zitronenschale in einer kleinen Schüssel vermischen.

5 Das Fleisch mit einem Schaumlöffel auf einen vorgewärmten Servierteller heben. Die Sauce aufkochen und unter gelegentlichem Rühren eindicken. Das Fleisch mit der Sauce übergießen, mit der Gremolata bestreuen und sofort servieren.

Variation

Moderne Versionen dieses Gerichts enthalten auch Tomaten. Nach Belieben können Sie in Schritt 3 gewürfelte Tomaten aus der Dose mit der Brühe und dem Wein zugeben. In Schritt 1 können Sie ebenfalls 1 fein gehackte Selleriestange und 1 fein gehackte Karotte mit den Zwiebeln und dem Porree dünsten.

Kalbsschnitzel mit Schinken und Salbei

Saltimbocca alla romana

Ursprünglich aus Brescia stammend ist dieses Gericht heute eine römische Spezialität, die wörtlich mit „Spring in den Mund" übersetzt werden kann – ein Ausdruck seiner großen Wertschätzung.

1 Die Kalbssteaks zwischen zwei Lagen Frischhaltefolie legen und mit einem Fleischklopfer oder einem Nudelholz plattieren, bis sie sehr dünn sind. Auf einen Teller legen und mit Zitronensaft beträufeln. Für 30 Minuten beiseite stellen und gelegentlich in dem Saft wenden.

2 Das Fleisch mit Küchenpapier trockentupfen, mit Salz und Pfeffer würzen und mit der Hälfte des Salbeis bestreuen. Eine Scheibe Schinken auf jedes Steak legen und mit einem Zahnstocher fixieren.

3 Die Butter in einer großen Pfanne zerlassen. Den restlichen Salbei zugeben und bei schwacher Hitze unter Rühren 1 Minute anbraten. Die Steaks zugeben und von jeder Seite 3–4 Minuten goldbraun braten. Den Wein zugießen und für weitere 2 Minuten braten.

4 Die Steaks auf einen vorgewärmten Servierteller geben und mit den Bratensäften übergießen. Die Zahnstocher entfernen und sofort servieren.

Variation

Sie können auch Hähnchenbrustfilets auf diese Weise zubereiten. Sind sie zu dick, vor dem Braten längs halbieren.

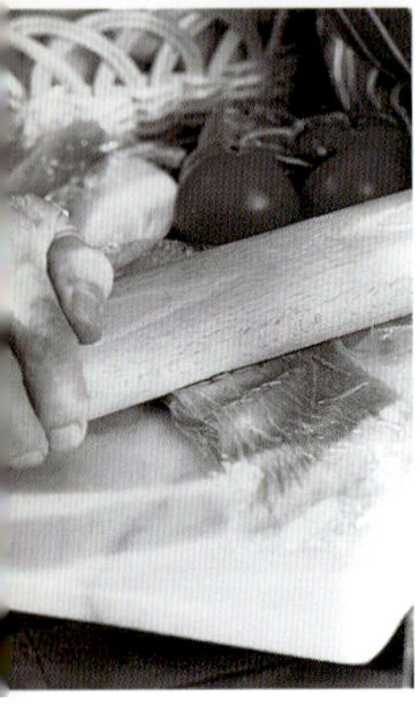

FÜR 4 PERSONEN

4 Kalbssteaks
2 EL Zitronensaft
Salz und Pfeffer
1 EL frisch gehackte Salbeiblätter
4 Scheiben Prosciutto
60 g Butter
3 EL trockener Weißwein

Huhn mit Schinken und Parmesan

Pollo alla bolognese

Die Küche Bolognas hat weitaus mehr zu bieten als das weltberühmte Nudelgericht. Nicht umsonst wird die Hauptstadt der Emilia-Romagna auch als La grassa, la dota, la rossa *– die Fette, die Reiche und Verschwenderische – bezeichnet.*

FÜR 4 PERSONEN

4 Hähnchenbrustfilets
2 EL Mehl
Salz und Pfeffer
60 g Butter
8 Scheiben gekochter Schinken, das Fett entfernt
60 g frisch geriebener Parmesan
frische Basilikumzweige, zum Garnieren

1 Jedes Hähnchenbrustfilet längs halbieren. Die Fleischscheiben zwischen zwei Lagen Frischhaltefolie legen und mit einem Fleischklopfer oder einem Nudelholz plattieren. Das Mehl auf einem flachen Teller ausstreuen und mit Salz und Pfeffer würzen. Das Hühnerfleisch in dem Würzmehl wenden, überschüssiges Mehl abschütteln.

2 Die Hälfte der Butter in einer großen Pfanne zerlassen. Das Fleisch portionsweise bei mittlerer Hitze 10–15 Minuten braten. Dabei häufig wenden, bis das Fleisch rundum goldbraun und gar ist.

3 Unterdessen die restliche Butter in einem kleinen Topf zerlassen. Die Pfanne mit dem Fleisch vom Herd nehmen. Auf jedes Stück eine Scheibe Schinken legen und mit Käse bestreuen. Die zerlassene Butter darüber gießen und die Pfanne wieder auf den Herd stellen. 3–4 Minuten durchwärmen, bis der Käse geschmolzen ist. Mit Basilikum garnieren und sofort servieren.

Variation

Ein ähnliches Gericht kennt man auch im Aostatal. Allerdings wird hier die Hähnchenbrust nicht halbiert, sondern zu einer Tasche geöffnet, die vor dem Braten mit Kochschinken, Prosciutto und Fontina gefüllt wird.

Huhn in Rotwein mit Polenta

Pollo al Barolo

Dieser aromatische und farbenfrohe Eintopf aus Piemont wird traditionell mit frischer Polenta serviert und so zu einer reichhaltigen Mahlzeit.

FÜR 4 PERSONEN

Polenta

1,5 l Hühnerbrühe oder Wasser

Salz

300 g Polenta*

5 EL Olivenöl

Eintopf

3 EL Olivenöl

8 Hähnchenunterkeulen, gehäutet, oder 4 Hähnchenbrustfilets

1 rote Zwiebel, in Spalten geschnitten

2 EL Pesto rosso

300 ml Barolo oder ein anderer Rotwein

300 ml Hühnerbrühe

Salz und Pfeffer

140 g rote Trauben, halbiert und entkernt

1 Für die Polenta Brühe oder Wasser in einem großen Topf aufkochen. 1 Prise Salz zugeben und unter ständigem Rühren die Polenta langsam einstreuen. Unter weiterem Rühren 30 Minuten köcheln, bis die Mischung sehr dick ist und sich von den Topfwänden löst. Den Topf vom Herd nehmen.

2 Eine rechtecktige Auflaufform mit etwas Öl einfetten. Die Polenta in die Auflaufform geben und mit einem angefeuchteten Spatel glatt streichen. Beiseite stellen und mindestens 2 Stunden fest werden lassen.

3 Für den Eintopf 2 Esslöffel Öl in einem großen Topf erhitzen. Das Hühnerfleisch zugeben und bei mittlerer Hitze unter gelegentlichem Wenden 5–7 Minuten rundum goldbraun braten. Das Fleisch aus dem Topf nehmen und beiseite stellen.

4 Das restliche Öl in den Topf geben und erhitzen. Zwiebel und Pesto rosso zugeben und unter Rühren bei schwacher Hitze 5 Minuten weich dünsten. Wein und Brühe zugießen und aufkochen.

5 Das Fleisch wieder in den Topf geben und alles mit Salz und Pfeffer abschmecken. Die Hitze reduzieren, abdecken und unter gelegentlichem Rühren 20–25 Minuten köcheln, bis das Fleisch gar und zart ist.

6 Unterdessen die Polenta in Quadrate schneiden. Das restliche Öl in einer großen Pfanne erhitzen. Die Polenta portionsweise zugeben und unter häufigem Wenden jeweils 5 Minuten rundum goldbraun braten. Aus der Pfanne nehmen, auf Küchenpapier abtropfen lassen und warm halten.

7 Die Trauben zum Eintopf geben und einige Minuten durchwärmen. Den Eintopf sofort mit der Polenta servieren.

** Tipp*

Sie können auch schnell kochende Polenta verwenden, die nur 5 Minuten kochen muss.

Huhn nach Jägerart
Pollo al cacciatore

Italiener sind begeisterte Jäger, und nach dieser wärmenden Mahlzeit gehen sie selbst an kältesten Tagen auf die Jagd.

FÜR 4 PERSONEN

20 g Butter
2 EL Olivenöl
1,8 kg Hühnerfleisch, entbeint
2 rote Zwiebeln, in Ringe geschnitten
2 Knoblauchzehen, fein gehackt
400 g gewürfelte Tomaten aus der Dose
2 EL frisch gehackte glatte Petersilie
6 frische Basilikumblätter, gezupft
1 EL Pesto rosso
150 ml Rotwein
Salz und Pfeffer
220 g Champignons, in Scheiben geschnitten

1 Butter und Olivenöl in einer feuerfesten Kasserolle erhitzen. Das Hühnerfleisch zugeben und unter gelegentlichem Rühren 5–10 Minuten rundum goldbraun anbraten. Das Fleisch herausheben und auf einen Teller legen.

2 Zwiebeln und Knoblauch in die Kasserolle geben und bei schwacher Hitze unter gelegentlichem Rühren 10 Minuten goldbraun dünsten. Tomaten mit Saft, Petersilie, Basilikum, Pesto rosso und Wein zugeben. Mit Salz und Pfeffer abschmecken. Aufkochen, das Fleisch wieder zugeben und in die Sauce drücken.

3 Den Backofen auf 160 °C vorheizen. Die Kasserolle abdecken und 50 Minuten im Ofen garen. Die Champignons zugeben und weitere 10 Minuten garen, bis das Fleisch gar und zart ist. Sofort servieren.

Variation

Ersetzen Sie den Rotwein durch Marsala und geben Sie in Schritt 2 mit den Zwiebeln eine entkernte und in Scheiben geschnittene grüne Paprika zu.

Huhn auf toskanische Art

Pollo alla Toscana

Dies ist ein anderer reichhaltiger Eintopf, zu dem Sie am besten viel frisches Brot oder Bandnudeln, wie z. B. Tagliatelle, Fettuccine oder Tagliarini, servieren.

1 Das Mehl auf einen Teller geben und mit Salz und Pfeffer würzen. Die Hühnerteile gründlich im Mehl wenden, überschüssiges Mehl abschütteln. Das Öl in einer großen Kasserolle erhitzen. Das Fleisch zugeben und bei mittlerer Hitze unter häufigem Wenden 5–7 Minuten rundum goldbraun braten. Aus der Kasserolle nehmen und beiseite stellen.

2 Zwiebel, Knoblauch und Paprika in den Topf geben, die Hitze reduzieren und unter gelegentlichem Rühren 5 Minuten weich dünsten. Unterdessen den Safran in die Brühe rühren.

3 Gewürfelte Tomaten mit Saft, sonnengetrocknete Tomaten, Pilze und Oliven in die Kasserolle geben und unter gelegentlichem Rühren 3 Minuten kochen. Brühe und Zitronensaft zugießen. Aufkochen, dann das Fleisch wieder zugeben.

4 Den Backofen auf 180 °C vorheizen. Die Kasserolle abdecken und für 1 Stunde in den Ofen schieben. Mit Basilikum garnieren und sofort servieren.

FÜR 4 PERSONEN

- 2 EL Mehl
- Salz und Pfeffer
- 4 Hühnerteile, gehäutet
- 3 EL Olivenöl
- 1 rote Zwiebel, gehackt
- 2 Knoblauchzehen, fein gehackt
- 1 rote Paprika, entkernt und gehackt
- 1 Prise Safranfäden
- 150 ml Hühnerbrühe oder eine Mischung aus Hühnerbrühe und trockenem Weißwein
- 400 g gewürfelte Tomaten aus der Dose
- 4 eingelegte sonnengetrocknete Tomaten, abgetropft und gehackt
- 220 g cremefarbene Champignons, in Scheiben geschnitten
- 120 g schwarze Oliven, entsteint
- 4 EL Zitronensaft
- frische Basilikumblätter, zum Garnieren

Lombardische Ente

Anatra alla Lombardia

Ente wird in vielen Ländern zu typischen Gerichten verarbeitet, und Italien ist da keine Ausnahme. Dieses herrlich aromatische Gericht eignet sich hervorragend zur Bewirtung von Gästen, da Sie es im Voraus zubereiten können und nur noch aufzuwärmen brauchen.

FÜR 4 PERSONEN

Brühe

1 Selleriestange
1 Knoblauchzehe
6 Pfefferkörner, leicht zerstoßen
1 Lorbeerblatt
5 Zweige glatte Petersilie
1 Zwiebel, geschält
1 Gewürznelke
Salz

1 Ente, à ca. 2,25 kg
220 g kleine braune Linsen
1 EL Olivenöl
2 Zwiebeln, geschält
2 Selleriestangen
2 EL Weinbrand oder Grappa
150 ml trockener Weißwein
Salz und Pfeffer
1 TL Speisestärke

1 Die Ente in Viertel schneiden, dazu die Flügel abtrennen, die Haut am Nacken zurückziehen und das Brustbein mit einem scharfen Messer durchtrennen. Mit einer Geflügelschere die Ente vom Schwanzende bis zum Hals aufschneiden. Dann an der Wirbelsäule entlang schneiden und die Ente in 2 Hälften teilen. Die Rückenknochen entfernen und jede Hälfte diagonal durchschneiden.

2 Für die Brühe Flügel und Knochen in einen großen Topf geben. Sellerie, Knoblauch, Pfefferkörner, Lorbeerblatt und Petersilie zugeben. Die Zwiebel mit der Nelke spicken und mit einer großen Prise Salz in den Topf geben. Mit kaltem Wasser bedecken und aufkochen. Den Schaum von der Oberfläche abschöpfen. Die Hitze reduzieren und 2 Stunden sanft köcheln. In einen sauberen Topf abseihen und kochend reduzieren.

3 Die Linsen abspülen und in einen Topf geben. Mit kaltem Wasser bedecken und das Öl zugeben. 1 Zwiebel halbieren und mit 1 Selleriestange zugeben. Bei mittlerer Hitze aufkochen, die Hitze reduzieren und 15 Minuten köcheln, bis die Linsen weich zu werden beginnen. Abgießen.

4 Unterdessen die Fleischstücke mit der Haut nach unten in eine große Pfanne geben. Unter gelegentlichem Rütteln der Pfanne 10 Minuten anbraten. Das Fleisch in eine Kasserolle geben und das Fett aus der Pfanne wegschütten.

5 Restliche Zwiebel und restlichen Sellerie fein hacken und in die Pfanne geben. Bei schwacher Hitze unter gelegentlichem Rühren 5 Minuten weich dünsten. Das Gemüse mit einem Schaumlöffel in die Kasserolle geben.

6 Die Kasserolle bei mittlerer Hitze auf den Herd stellen, Weinbrand oder Grappa zugießen und entzünden. Wenn die Flammen erloschen sind, Wein und 150 ml der Brühe zugießen. Aufkochen, die Linsen zugeben und mit Salz und Pfeffer abschmecken. Abdecken und bei schwacher Hitze 40 Minuten köcheln, bis Fleisch und Linsen gar sind.

7 Die Speisestärke mit 2 Esslöffeln Brühe in einer kleinen Schüssel gut verrühren. Die Paste in die Kasserolle geben und unter Rühren 5 Minuten köcheln, bis die Sauce eingedickt ist. Noch einmal abschmecken und sofort servieren.

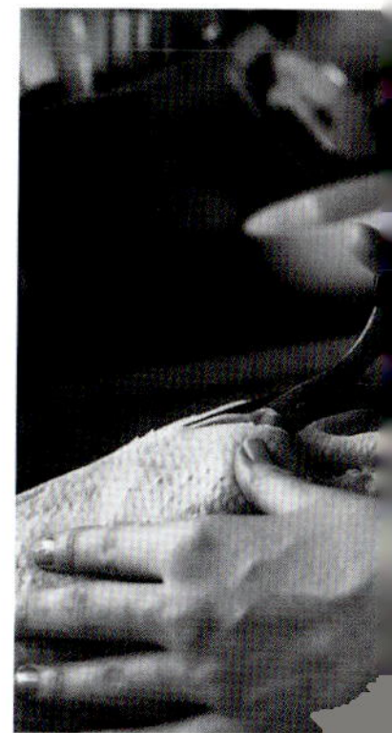

FISCH & MEERESFRÜCHTE

Einst für alle eine preiswerte und für die Küstenbewohner sogar kostenlose Nahrungsquelle, werden Fisch und Meeresfrüchte heute in Italien und anderen Ländern Europas immer mehr zu Luxusgütern. Nur gut, dass italienische Köche seit Generationen die Kunst beherrschen, Geschmack und Konsistenz der Meerestiere auf so fantastische Weise zur Geltung zu bringen.

Fast ganz vom Meer umschlossen und reich an Seen und Flüssen, blickt Italien auf eine große Tradition der Fischküche zurück. Unter den Süßwasserfischen finden sich Forelle, Karpfen und Flussbarsch, und Aal ist ganz besonders beliebt. Die Fische werden auf unterschiedliche Weise zubereitet, unter anderem gegrillt und in Wein geschmort. Praktisch jede Region besitzt ihre eigene Version einer gehalt- und geschmackvollen Fischsuppe, vom *Burrido* auf Sardinien bis zum *Cacciucco* in Livorno.

Zwar hat die Verschmutzung von Mittelmeer und Adria zusammen mit dem großen europäischen Problem der Überfischung zu einem Rückgang der Fischbestände geführt, doch Qualität und Vielfalt der Fänge sind immer noch überwältigend, auch wenn Fisch inzwischen recht teuer ist.

Einige Salzwasserarten können nur noch an den italienischen Küsten gefangen werden. Sardinen sind zwar an den Küsten ihrer Namensgeberin Sardinien selten geworden, doch es gibt sie noch im Mittelmeer, vor allem im Frühjahr. Die kleinen Fische schmecken am besten, wenn man sie fangfrisch ausnimmt und dann grillt, backt oder frittiert. Ihr öliges Fleisch passt gut zu scharfen Gewürzen, Kapern und anderen kräftigen Geschmacksrichtungen. Konservierte Sardinen werden ebenfalls verwendet.

Sardinen sind an den Küsten ihrer Namensgeberin Sardinien selten geworden, doch es gibt sie noch im Mittelmeer

Sardellen lassen sich schlecht transportieren, daher bekommt man die frischen Fische meist nur im Mittelmeerraum. Weithin erhältlich sind Sardellen in Öl eingelegt. Beim Konservieren in Salz bleibt der Geschmack besser erhalten, doch in dieser Form sieht man sie außerhalb Italiens weniger. Lassen Sie Sardellen aus der Dose gut abtropfen. Wenn sie Ihnen zu salzig schmecken: 10 Minuten in eine Untertasse mit Milch legen, dann abspülen und trockentupfen. Die gesalzene Version sollte vor Gebrauch gründlich abgespült werden. Sardellen verleihen Pastasaucen wie *alla puttanesca* (s. S. 90) ein kräftiges Aroma und schmecken gut auf Pizza und im Salat.

Mit bis zu fünf Metern Länge und einer halben Tonne Gewicht steht der Schwertfisch am anderen Ende der Skala. Die Steaks werden gegrillt, im Ofen gebacken oder

Canale Grande in Venedig

gewürfelt und auf Spieße gesteckt. Am besten gelingt das Fleisch, das leicht austrocknet, zubereitet mit Olivenöl, Tomaten und anderen mediterranen Zutaten.

Thunfisch fangen sizilianische Fischer seit Jahrhunderten. Der große, ölige Fisch, der in Form von Filets oder Steaks verkauft wird, passt wundervoll zu robusten mediterranen Geschmacksrichtungen wie Kapern oder Oliven. Als einst die *Mantaza,* die traditionelle arabische Thunfischjagd, den Markt regelmäßig mit den Fischen überschwemmte, brachte das einen gewissen Ignazio Florio auf die Idee, sie in Dosen zu konservieren. In Öl, Salzlake, Tomaten- oder andere Saucen eingelegter Thunfisch eignet sich ideal für Salate, Brotaufstriche, Gemüsefüllungen und alle möglichen Snacks.

Die köstliche Meerbarbe besitzt einen milden Geschmack, der manchmal mit dem von Garnelen verglichen wird. Der Fisch kann gegrillt, gebacken oder in hitzebeständigem Papier zubereitet werden, eine beliebte italienische Methode, und passt gut zu Oliven, Olivenöl, Tomaten, Kräutern, Safran und Knoblauch. Das Schuppen ist aufwändig, aber lohnt sich, da so die wunderbare rote Farbe zum Vorschein kommt. In ganz Europa ist die Leber eine Delikatesse, daher wird sie beim Ausnehmen nicht entfernt.

Die Brassenart, die an den italienischen Küsten vorkommt, ist die Goldbrasse oder Dorade. Der relativ große Fisch besitzt zartes, aromatisches weißes Fleisch. Er wird meist gegrillt oder in Papier gebacken. Geschmack und Konsistenz gelingen am besten, wenn man den Fisch zuvor mariniert.

In der mediterranen Küche immer schon beliebt, ist der anderenorts erst in jüngerer Zeit in Mode gekommene Seebarsch. Sein zartes Fleisch schmeckt am besten vom Grill oder in der Pfanne gebraten. Man kann den Fisch aber auch gut füllen und im Ofen backen. In Italien wird wilder Seebarsch gefangen, doch von Zuchtfarmen ist der Fisch auch in anderen Ländern erhältlich.

Der Kabeljau (Dorsch) ist zwar im Nordatlantik beheimatet, doch Klippfisch, die getrocknete und

Die Venezianer sind bestens mit Meeresfrüchten versorgt. Manche Schalentiere gibt es nur in der Lagune.

Canale Guidecca in Venedig

gesalzene Version, wird in mehreren Mittelmeerländern gern gegessen, darunter auch in Italien. Der Trockenfisch sieht nicht sonderlich appetitlich aus, eher wie ein Stück Pappe, und muss vor dem Verzehr mindestens 24 Stunden einweichen, wobei das Wasser mehrmals gewechselt wird. Klippfisch stammt aus Zeiten, in denen es noch keine Kühltechnik gab. Weil er sich lange hält, bot er in den Wintermonaten eine wertvolle Eiweißquelle. In Italien wird der Fisch meist zu einer Paste verarbeitet oder in Suppen und Eintöpfen mitgekocht.

Verschiedene kleine Fische werden gern im Ganzen frittiert als *Fritto misto* (s. S. 183) angeboten. Das Gleiche geht auch mit mundgerechten Stücken größerer Fische.

Neben Tintenfischen, Garnelen und Muscheln wimmelt es an Italiens Küsten nur so von weiteren Krebs- und Schalentieren, die anderenorts unbekannt sind. Kalmare

und die etwas größeren Sepien sind zehnarmig, während der viel größere Krake acht Arme besitzt. Im Geschmack unterscheiden sich die Tintenfische nicht sehr, doch die zäheren Kraken müssen zunächst weich geklopft und dann lange gegart werden. Kalmar und Sepia lassen sich einfach zubereiten; die kleineren Exemplare schmecken am besten kurz gegart, sonst werden sie zäh. Die größeren werden langsamer gegart, zum Beispiel in Wein im Ofen geschmort. Alle drei besitzen Tintenbeutel und können in der dunklen Flüssigkeit zubereitet werden, obwohl die Tinte des Kraken sehr scharf schmeckt. Die Tinte von Kalmaren und Sepien verwendet man auch zum Färben frischer Nudeln. Mit Polenta serviert, ist Kalmar in der eigenen Tinte ein klassisches venezianisches Gericht.

Italienische Miesmuscheln werden inzwischen an Seilen in reinem Meerwasser gezüchtet, um jegliche Verschmutzung auszuschließen. Die beliebten und preiswerten Schalentiere werden kiloweise verkauft. In Italien dämpft man die Miesmuscheln gerne, bis sie sich öffnen, und grillt sie dann auf der halben Schale. Reichen Sie dazu Tomatensauce oder geben Sie die Muscheln auf Pizza, in Pastasaucen oder Meeresfrüchtesalate.

Die zahlreichen weiteren Muschelarten reichen von den winzigen, weichschaligen *Vongole,* die mit Pasta gegessen werden, bis zu Meerscheiden und den großen, wulstigen Jakobsmuscheln. Da sich in den Muscheln meist viel Sand ansammelt, empfiehlt es sich, sie vor der Zubereitung in klares Wasser zu legen, damit sie Sand und andere Fremdkörper ausstoßen. Man kann sie ebenso wie Miesmuscheln zubereiten oder auch wie Austern roh servieren.

Garnelen und Krabben spielen eine wichtige Rolle in der Küche der italienischen Küstenregionen. Man serviert sie als Antipasto, in *Fritto misto,* gegrillt und mit einer Sahnesauce oder Mayonnaise, mit Tomaten und Knoblauch gebraten oder in einer Panade frittiert. Die Größe reicht von winzigen rosa oder braunen Krabben über milde mittelgroße *Gamberelli* bis zu großen, saftigen *Gamberoni.*

Schwertfisch mit Oliven und Kapern

Pesce spada alla palermitana

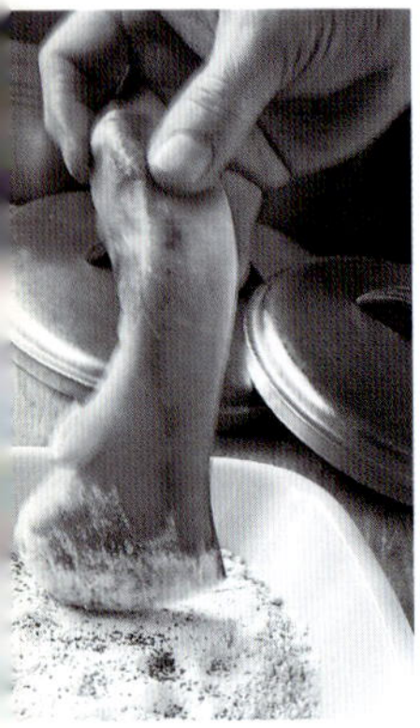

FÜR 4 PERSONEN

2 EL Mehl

Salz und Pfeffer

4 Schwertfischsteaks, à ca. 220 g

100 ml Olivenöl

2 Knoblauchzehen, halbiert

1 Zwiebel, gehackt

4 Sardellenfilets, abgetropft und gehackt

4 Tomaten, gehäutet (s. S. 36), entkernt und gehackt

12 grüne Oliven, entsteint und in Scheiben geschnitten

1 EL Kapern, abgespült

frische Rosmarinzweige, zum Garnieren

Schwertfisch ist an den Küsten Siziliens im Überfluss vorhanden und wird traditionell mit mediterranen Zutaten zubereitet. Dieses Rezept verdankt seinen Namen der wichtigsten Hafenstadt Siziliens, Palermo.

1 Das Mehl auf einen Teller geben und mit Salz und Pfeffer würzen. Die Fischsteaks gründlich im Würzmehl wenden, überschüssiges Mehl abschütteln.

2 Das Olivenöl in einer großen Pfanne erhitzen. Den Knoblauch zugeben und bei schwacher Hitze 2–3 Minuten golden dünsten. Den Knoblauch entfernen.

3 Den Fisch zugeben und bei mittlerer Hitze von jeder Seite 4 Minute braten, bis er gar und goldbraun ist. Die Steaks aus der Pfanne nehmen und beiseite stellen.

4 Zwiebel und Sardellenfilets in die Pfanne geben und die Sardellen mit einem Holzlöffel zu einer Paste zerdrücken. Die Tomaten zugeben und bei schwacher Hitze unter gelegentlichem Rühren 20 Minuten kochen, bis die Mischung eingedickt ist.

5 Oliven und Kapern unterrühren und mit Salz und Pfeffer abschmecken. Die Steaks wieder in die Pfanne geben und sanft durchwärmen. Mit Rosmarin garnieren und servieren.

Eine schattige Gasse in Venedig mit einem Kirchturm im Hintergrund

Meerbrasse mit Fenchel

Fragolino al forno

Alle Meerbrassen – und es gibt sehr viele Arten – schmecken vor allem gefüllt oder gegrillt besonders gut. Versuchen Sie für dieses Rezept eine Dorade zu finden, in Italien als Orata *bekannt.*

FÜR 4 PERSONEN

250 g Semmelbrösel

2 EL Milch

1 Fenchelknolle, in dünne Scheiben geschnitten, das Grün für die Garnierung aufbewahren

1 EL Zitronensaft

2 EL Sambuca*

1 EL frisch gehackter Thymian

1 Lorbeerblatt, zerpflückt

1 Meerbrasse, ausgenommen, gesäubert und geschuppt

Salz und Pfeffer

3 EL Olivenöl, plus etwas mehr zum Bestreichen

1 rote Zwiebel, gehackt

300 ml trockener Weißwein

1 Die Semmelbrösel in eine Schüssel geben, die Milch zufügen und 5 Minuten einweichen lassen. Den Fenchel in eine andere Schüssel geben, Zitronensaft, Sambuca, Thymian und Lorbeerblatt zugeben. Die Semmelbrösel ausdrücken und unter die Mischung rühren. Gut vermischen.

2 Den Fisch innen und außen unter fließend kaltem Wasser ausspülen und mit Küchenpapier trockentupfen. Mit Salz und Pfeffer würzen. Die Füllung in die Bauchhöhle löffeln und den Fisch mit Küchengarn verschließen.

3 Den Backofen auf 240 °C vorheizen. Eine große Auflaufform mit Olivenöl bestreichen und den Boden mit der Zwiebel bestreuen. Den Fisch in die Form legen und mit Wein begießen – der Fisch sollte zu zwei Dritteln bedeckt sein. Den Fisch mit Olivenöl bestreichen und 25–30 Minuten im Ofen garen. Dabei den Fisch gelegentlich mit den Bratensäften bestreichen. Wenn er zu braun wird, mit Alufolie abdecken.

4 Den Fisch vorsichtig auf einen vorgewärmten Servierteller legen und das Küchengarn entfernen. Mit Fenchelgrün garnieren und sofort servieren.

** Tipp*

Sambuca ist ein italienischer Likör mit intensivem Anisaroma, das sehr gut mit Fisch harmoniert. Falls Sie keinen Sambuca finden, können Sie ihn durch Pernod ersetzen.

Gegrillte Sardinen in Zitronensauce
Sarde al limone

Die meisten Sardinengerichte stammen aus dem Süden des Landes, an dessen Küsten einst riesige Schwärme dieser kleinen silbernen Fische zu finden waren. In den letzten Jahren sind die Bestände durch die große Nachfrage der Konservenindustrie stark zurückgegangen.

FÜR 4 PERSONEN

1 große Zitrone

80 g Butter

Salz und Pfeffer

20 frische Sardinen, gesäubert und ohne Kopf

1 EL frisch gehacktes Fenchelgrün

1 Die Zitrone schälen. Die bittere weiße Haut abschneiden. Mit einem kleinen scharfen Messer die Zitrone filetieren und die weiße Haut zwischen den Segmenten entfernen. Das Fruchtfleisch fein hacken und beiseite stellen.

2 25 g Butter in einem kleinen Topf zerlassen und mit Salz und Pfeffer würzen. Die Sardinen mit der zerlassenen Butter bestreichen und unter dem vorgeheizten Backofengrill oder auf heißer Holzkohle 5–6 Minuten grillen, dabei einmal wenden.

3 Unterdessen die restliche Butter zerlassen und den Topf vom Herd nehmen. Zitrone und Fenchelgrün unterrühren.

4 Die Sardinen auf einen vorgewärmten Servierteller legen, mit der Sauce übergießen und sofort servieren.

** Tipp*

Sardinen schmecken nur, wenn sie wirklich frisch sind. Wenn Sie Zweifel haben, ob dies der Fall ist, kaufen Sie lieber andere kleine ölige Fische, wie z. B. Sprotten.

Seezungenfilets in Tomatensauce mit Oliven

Filetti di sogliola alla pizzaiola

Pizzaiola – *eine Mischung aus Tomaten, Knoblauch und Kräutern – wird in der Regel zu Fleisch (s. S. 127) oder als Pizzabelag serviert, schmeckt aber auch köstlich zu Fisch.*

FÜR 4 PERSONEN
4 EL Olivenöl
900 g Eiertomaten, gehäutet (s. S. 36), entkernt und gehackt
2 EL Pesto rosso
3 Knoblauchzehen, fein gehackt
1 EL frisch gehackter Oregano
Salz und Pfeffer
80 g Mehl
4 Seezungenfilets*
80 g Butter
120 g schwarze Oliven, entsteint

1 Das Öl in einem großen Topf erhitzen. Tomaten, Pesto rosso, Knoblauch und Oregano zugeben und mit Salz und Pfeffer abschmecken. Gut verrühren, abdecken und unter gelegentlichem Rühren 30 Minuten köcheln, bis die Mischung eingedickt ist.

2 Unterdessen das Mehl auf einem Teller ausstreuen und mit Salz und Pfeffer würzen. Die Fischfilets im Würzmehl wälzen, überschüssiges Mehl abschütteln.

3 Die Hälfte der Butter in einer Pfanne zerlassen. Nur so viele Filets in die Pfanne legen, wie nebeneinander hineinpassen und 2 Minuten von jeder Seite braten. Aus der Pfanne heben, in eine Auflaufform füllen und warm halten. Die restlichen Filets ebenso braten, eventuell noch die restliche Butter zugeben.

4 Den Backofen auf 180 °C vorheizen. Die Oliven unter die Tomatensauce rühren und die Sauce über den Fisch gießen. 20 Minuten im Ofen backen. Sofort aus der Form servieren.

** Tipp*
Es gibt unterschiedliche Arten von Seezungenfilets, die in Preis und Geschmack ebenso verschieden sind. Es ist jedoch nicht immer gesagt, dass der preiswertere Fisch schlechter schmeckt. Lassen Sie sich von Ihrem Fischhändler beraten. Für dieses Rezept können Sie gut auf den teureren Fisch verzichten.

Forelle in Rotweinsauce mit Zitrone

Trote alla trentina

FÜR 4 PERSONEN

4 Forellen, ausgenommen und die Köpfe entfernt
220 ml Rotweinessig
300 ml Rotwein
150 ml Wasser
2 Lorbeerblätter
4 Zweige frischer Thymian
4 Zweige frische glatte Petersilie
Schale von 1 Zitrone, in feine Streifen geschnitten
3 Schalotten, in dünne Ringe geschnitten
1 Karotte, in dünne Scheiben geschnitten
12 schwarze Pfefferkörner
8 Gewürznelken
Salz
80 g Butter, gewürfelt
1 EL frisch gehackte glatte Petersilie, plus etwas mehr zum Garnieren
1 EL frische Dillspitzen
Salz und Pfeffer

Der Trentino ist eine gebirgige Region im Nordosten Italiens mit zahlreichen Seen und Flüssen, die die Einwohner mit einer großen Menge an frischem Fisch versorgen. Dennoch wird auch in Italien die preiswerte Zuchtforelle immer beliebter. Da Zuchtfische oft weniger aromatisch schmecken, profitieren sie von einer geschmackvollen Marinade und der Zubereitung mit zahlreichen anderen Zutaten.

1 Die Fische innen und außen unter fließend kaltem Wasser abspülen und mit Küchenpapier trockentupfen. Nebeneinander in eine flache Schale legen. Den Essig in einen kleinen Topf gießen, aufkochen und über die Fische gießen. Beiseite stellen und 30 Minuten marinieren.

2 Wein und Wasser in einen Topf gießen, Lorbeerblätter, Thymian, Petersilie, Zitronenschale, Schalotten, Karotte, Pfefferkörner und Gewürznelken zugeben und mit Salz abschmecken. Bei schwacher Hitze aufkochen.

3 Unterdessen die Forellen abgießen. Die Forellen nebeneinander in eine große Pfanne legen und mit der Weinmischung übergießen. Abdecken und bei schwacher Hitze 15 Minuten köcheln, bis sie gar und zart sind. Sie müssen nicht gewendet werden.

4 Die Forellen auf Portionsteller legen und warm halten. Die Kochflüssigkeit wieder aufkochen und auf drei Viertel reduzieren. Nach und nach die Butter zugeben und einrühren. Petersilie und Dill unterrühren und noch einmal abschmecken. Die Sauce über die Fische gießen, mit Petersilie garnieren und sofort servieren.

Bohnen mit Thunfisch

Fagioli al tonno

In Wahrheit ist dies ein köstliches Gericht, das jedoch in billigen Pizzerien, die nicht viel italienischer sind als eine Sushibar, grausam verfälscht wird. Vergessen Sie jede Erinnerung an Dosenfisch und Dosenbohnen und versuchen Sie, es richtig zu machen. Bei großem Hunger können Sie 1 Thunfischsteak pro Person berechnen, aber auch die Bohnen sind sehr sättigend.

FÜR 4 PERSONEN

800 g dicke Bohnen, abgedeckt und über Nacht in kaltem Wasser eingeweicht
100 ml Olivenöl extra vergine
2 Thunfischsteaks, à ca. 200 g
2 Knoblauchzehen, leicht zerdrückt
frische Salbeizweige
2 EL Wasser
Salz und Pfeffer
frisch gehackter Salbei, zum Garnieren

1 Die Bohnen abgießen und in einen Topf geben. Mit ausreichend Wasser bedecken und zum Kochen bringen. Die Hitze reduzieren und 1–1½ Stunden köcheln, bis die Bohnen gar sind. Gründlich abgießen.

2 Einen Esslöffel Öl in einer Pfanne erhitzen und die Thunfischsteaks von jeder Seite 3–4 Minuten braten, bis sie gar und zart sind. Aus der Pfanne nehmen und zum Abkühlen beiseite stellen.

3 Drei Esslöffel des restlichen Öls in einer großen Pfanne erhitzen. Knoblauch und Salbei zufügen und bei schwacher Hitze kurz andünsten, bis der Salbei zu knistern beginnt. Den Knoblauch entfernen.

4 Die Bohnen zugeben und 1 Minute kochen. Das Wasser zugeben und mit Salz und Pfeffer abschmecken. Kochen, bis das Wasser aufgenommen ist. Vom Herd nehmen, den Salbei entfernen, die Bohnen in eine Schüssel geben und zum Abkühlen beiseite stellen.

5 Unterdessen den Thunfisch zerpflücken und die Gräten entfernen. Wenn die Bohnen lauwarm sind, den Thunfisch unterrühren. Mit dem restlichen Öl beträufeln, mit Salbei bestreuen und servieren.

Variation

Sie können dieses Gericht auch gekühlt als Vorspeise für 6 Personen servieren. Lassen Sie dazu das Öl in Schritt 5 weg und geben Sie es mit 1½ Teelöffeln Weißweinessig, 1 Teelöffel Zitronensaft, Salz und Pfeffer in ein Schraubglas. Verschließen, kräftig schütteln und mit Bohnen und Fisch verrühren.

Thunfisch auf sizilianische Art

Tonno alla siciliana

Dieses rasche und würzige Gericht können Sie in der Küche oder auf dem Grill zubereiten. Servieren Sie dazu einen knackigen Salat.

FÜR 4 PERSONEN

Marinade

125 ml Olivenöl extra vergine
4 Knoblauchzehen, fein gehackt
4 frische rote Chillies, entkernt und fein gehackt
Saft und abgeriebene Schale von 2 Zitronen
4 EL frisch gehackte glatte Petersilie
Salz und Pfeffer

4 Thunfischsteaks, à ca. 140 g
2 Fenchelknollen, längs in dicke Scheiben geschnitten
2 rote Zwiebeln, in dünne Ringe geschnitten
2 EL Olivenöl
knusprige Brötchen, zum Servieren

1 Für die Marinade alle Zutaten in einer Schüssel gründlich verrühren. Die Thunfischsteaks in eine flache Schale legen und 4 Esslöffel der Marinade darüber geben. Abdecken und für 30 Minuten beiseite stellen. Die restliche Marinade aufbewahren.

2 Eine gerillte Pfanne vorheizen. Fenchel und Zwiebeln in eine Schüssel geben, das Öl zufügen und alles gründlich vermengen. Die Mischung in die Pfanne geben und die Fenchelscheiben von jeder Seite 5 Minuten braten. Auf 4 vorgewärmte Portionsteller verteilen, mit der restlichen Marinade beträufeln und warm halten.

3 Die Thunfischsteaks in die Pfanne geben und 4–5 Minuten braten, dabei einmal wenden. Die Steaks auf die Teller legen und sofort mit knusprigem Brot servieren.

Gondeln gibt es in Venedig seit über 1000 Jahren.

Seite 174/175: *Die Ansicht von Venedig, von der Lagune aus betrachtet*

Seebarbe mit Kapern und Oliven

Triglie alla calabrese

Die delikate Süße dieses Fisches harmoniert hervorragend mit den würzigen Kapern und der Olivensauce.

FÜR 4 PERSONEN

700 g Seebarbenfilets, ca. 12 Stück
3 EL frisch gehackter Majoran oder frisch gehackte glatte Petersilie
Salz und Pfeffer
Schale von 1 Orange, in dünne Streifen geschnitten
220 g gemischter Salat, zerpflückt
180 ml Olivenöl extra vergine
1 EL Balsamico-Essig
1 EL Weißweinessig
1 TL Dijon-Senf
3 EL Olivenöl
1 Fenchelknolle, in Stifte geschnitten

Sauce

1 EL Butter
40 g schwarze Oliven, entsteint und in dünne Scheiben geschnitten
1 EL Kapern, abgespült

1 Die Fischfilets in eine flache Schale legen, mit Majoran oder Petersilie bestreuen und mit Salz und Pfeffer würzen. Beiseite stellen.

2 Die Orangenschale in einem kleinen Topf mit kochendem Wasser 2 Minuten blanchieren, abgießen, unter fließend kaltem Wasser abschrecken und gut abtropfen lassen.

3 Den Salat in eine große Schüssel geben. Olivenöl, Balsamico-Essig, Weißweinessig und Senf in einer kleinen Schüssel verrühren und mit Salz und Pfeffer abschmecken. Alternativ alle Dressingzutaten in einem Schraubglas vermischen. Den Salat mit dem Dressing übergießen und gründlich vermengen. Den Salat auf einem großen Servierteller wie ein Bett anrichten.

4 Das Olivenöl in einer großen Pfanne erhitzen. Den Fenchel zugeben und unter ständigem Rühren 1 Minute dünsten. Mit einem Schaumlöffel herausnehmen, beiseite stellen und warm halten. Die Fischfilets mit der Haut nach unten in die Pfanne legen und 2 Minuten braten. Vorsichtig wenden und weitere 1–2 Minuten braten. Aus der Pfanne nehmen und auf Küchenpapier abtropfen lassen. Warm halten.

5 Für die Sauce die Butter in einem kleinen Topf zerlassen. Oliven und Kapern zugeben und unter ständigem Rühren 1 Minute dünsten.

6 Die Fischfilets auf dem Salatbett anrichten, mit Orangenschale und Fenchel belegen. Mit der Sauce übergießen und sofort servieren.

Seebarbe im Päckchen
Triglie al cartoccio

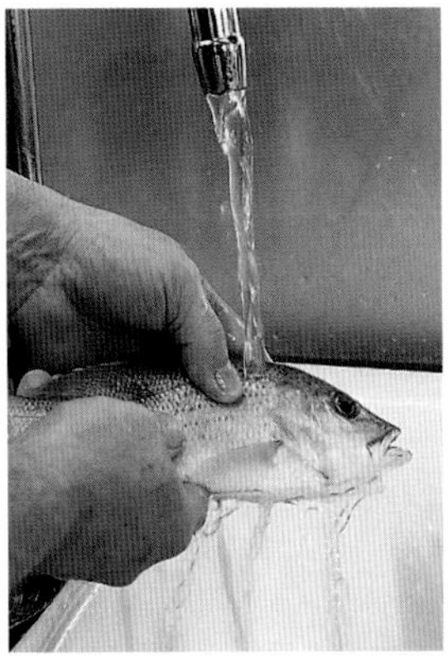

FÜR 4 PERSONEN

4 EL Olivenöl extra vergine, plus etwas mehr zum Bestreichen
4 Seebarben, à ca. 280 g, gesäubert, geschuppt, die Köpfe abgetrennt
Salz und Pfeffer
4 Knoblauchzehen, längs in dünne Scheiben geschnitten
4 Tomaten, gehäutet (s. S. 36), entkernt und gehackt
2 TL frisch gehackter Rosmarin
frisches Brot, zum Servieren

Seebarbe ist in Italien sehr beliebt, und das nicht nur wegen ihres wunderbaren Geschmacks, sondern auch, weil sie so attraktiv aussieht. Bei diesem Rezept bleibt beides herrlich erhalten.

1 Aus Backpapier 4 Quadrate ausschneiden, die so groß sind, dass jeweils ein Fisch hineinpasst, und mit Olivenöl bestreichen.

2 Die Fische innen und außen unter fließend kaltem Wasser abspülen und mit Küchenpapier trockentupfen. Mit Salz und Pfeffer würzen. Die Fische auf jeder Seite mit einem scharfen Messer dreimal diagonal einschneiden. Die Knoblauchscheiben in die Schlitze stecken.

3 Olivenöl, Tomaten und Rosmarin in einer Schüssel vermischen. Ein wenig dieser Mischung auf jedes Papierquadrat geben und die Fische darauf legen. Die restliche Tomatenmischung auf den Fischen verteilen.

4 Den Backofen auf 200 °C vorheizen. Das Papier um die Fische fest verschließen und die Päckchen auf ein Backblech legen. Im Ofen 15 Minuten garen.

5 Die Päckchen auf vorgewärmte Servierteller legen und öffnen. Mit frischem Brot servieren.

Variation
Auch Roter Schnapper kann anstelle der Seebarbe verwendet werden. Ersetzen Sie den Rosmarin durch frisch gehacktes Fenchelgrün und geben Sie 2–3 gekochte neue Kartoffeln in jedes Päckchen.

Gefüllter Tintenfisch

Calamari ripieni

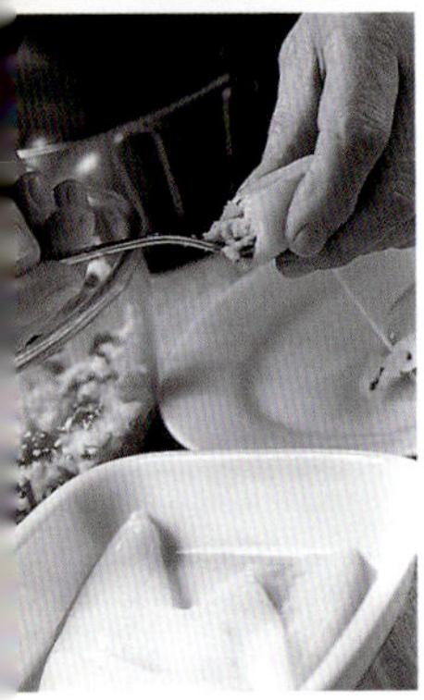

Es ist nicht ganz einfach, Tintenfisch selbst zu kochen. Damit er nicht zäh wird, muss er entweder sehr schnell oder – wie die Italiener es machen – sehr langsam gegart werden.

FÜR 4 PERSONEN

8 sonnengetrocknete Tomaten*
8 kleine küchenfertige Tintenfische (s. S. 181)
80 g Semmelbrösel
2 EL Kapern, abgespült und fein gehackt
2 EL frisch gehackte glatte Petersilie
Salz und Pfeffer
1 Eiweiß
Olivenöl, zum Bestreichen und Beträufeln
3 EL trockener Weißwein
Zitronensaft, zum Beträufeln (nach Belieben)

1 Die Tomaten in eine Schüssel geben und mit kochendem Wasser bedecken. Für 15–20 Minuten beiseite stellen.

2 Unterdessen die Tentakel der Tintenfische fein hacken und in eine andere Schüssel geben. Semmelbrösel, Kapern und Petersilie zugeben.

3 Die Tomaten abgießen und mit Küchenpapier trockentupfen. Fein hacken und zur Semmelbröselmischung geben. Gründlich vermischen und mit Salz und Pfeffer abschmecken. Das Eiweiß unterrühren.

4 Die Mischung in die Körperbeutel füllen und fest hineindrücken. Nur bis zu drei Viertel füllen, damit die Beutel während des Garens nicht aufplatzen. Die Öffnung jedes Beutels mit einem Zahnstocher verschließen.

5 Den Backofen auf 160 °C vorheizen. Eine große Auflaufform großzügig mit Öl bestreichen. Die Fische in die Form legen und mit Wein übergießen. Mit Alufolie abdecken und 45 Minuten im Ofen garen, dabei gelegentlich wenden und bestreichen. Mit einer Gabel testen, ob der Tintenfisch gar und zart ist.

6 Aus dem Ofen nehmen und zum Abkühlen beiseite stellen. Zum Servieren die Zahnstocher entfernen und die Beutel in kleine Scheiben schneiden. Auf vorgewärmte Portionsteller geben, mit Olivenöl und den abgekühlten Bratensäften oder mit Zitronensaft beträufeln.

** Tipp*

Verwenden Sie für dieses Rezept sonnengetrocknete Tomaten, die nicht in Öl eingelegt sind.

Tintenfischsuppe

Calamari all'Amalfitana

An der Küste von Amalfi im Süden Italiens reihen sich Fischerdörfer und Badeorte wie Perlen aneinander. Wen wundert es da, dass Fisch und Meeresfrüchte in der regionalen Küche die Hauptrolle spielen?

FÜR 4 PERSONEN

80 g Sultaninen
5 EL Olivenöl
6 EL frisch gehackte glatte Petersilie
2 Knoblauchzehen, fein gehackt
800 g küchenfertiger Tintenfisch*, in Scheiben geschnitten, oder Tintenfischringe
125 ml trockener Weißwein
500 ml passierte Tomaten
1 Prise Chilipulver
Salz
80 g Pinienkerne, fein gehackt

1 Die Sultaninen mit lauwarmem Wasser bedecken und für 15 Minuten zum Einweichen beiseite stellen.

2 Unterdessen das Öl in einem großen Topf erhitzen. Petersilie und Knoblauch zugeben und bei schwacher Hitze unter ständigem Rühren 3 Minuten dünsten. Den Tintenfisch zugeben und unter gelegentlichem Rühren 5 Minuten kochen.

3 Die Hitze erhöhen, den Wein zugießen, aufkochen und fast ganz verdunsten lassen. Die passierten Tomaten zugeben und mit Chilipulver und Salz abschmecken. Die Hitze reduzieren, abdecken und unter gelegentlichem Rühren 40–45 Minuten köcheln, bis der Tintenfisch schön zart ist.

4 Die Sultaninen abgießen und mit den Pinienkernen in den Topf geben. Weitere 10 Minuten köcheln, dann sofort servieren

** Tipp*

Zur Vorbereitung des Tintenfisches zunächst die schuppige Haut vom Körper abziehen. Kopf und Tentakel vom Körper abziehen. Dadurch kommen meist auch die Innereien heraus. Diese abschneiden, die Tentakel aufbewahren. Den Körberbeutel ausdrücken und alle Innereien sowie die gallertartige Masse wegwerfen. Den Tintenfisch von innen und außen unter fließend kaltem Wasser gründlich abspülen, in einem Sieb abtropfen lassen und mit Küchenpapier trockentupfen.

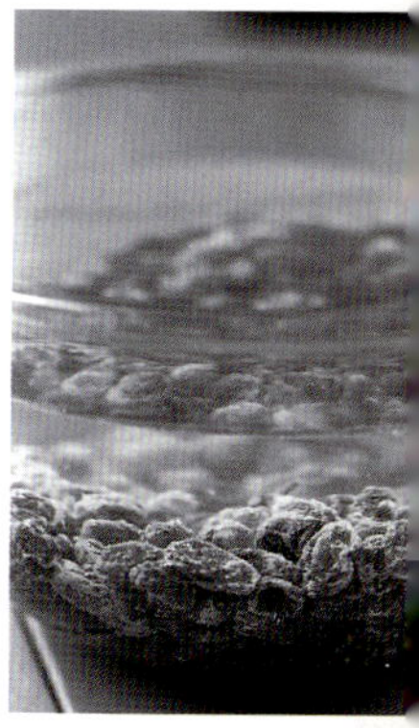

Frittierte Meeresfrüchte

Fritto misto di pesce

Wie viele Meeresfrüchtegerichte kommt auch dieses beliebte Gericht aus dem süditalienischen Kampanien. Es enthält immer eine Mischung aus weißen Fischfilets und Schalentieren, die genaue Zusammensetzung aber hängt vom Tagesfang ab.

FÜR 4 PERSONEN

Teig

120 g Mehl
Salz
1 Eigelb
1 EL Olivenöl
220 ml Milch
2 Eiweiß

Maiskeimöl, zum Frittieren
200 g weiße Fischfilets, z. B. Seezunge, gehäutet und in Streifen geschnitten
200 g Seeteufelfilets, in mundgerechte Würfel geschnitten
4 Jakobsmuscheln, ausgelöst
220 g große gekochte Garnelen, ausgelöst, mit Schwanz

Garnierung

frische glatte Petersilienzweige
Zitronenspalten

1 Für den Teig das Mehl mit einer Prise Salz in eine Schüssel sieben und eine Vertiefung in die Mitte drücken. Eigelb und Öl hineingeben und mit einem Holzlöffel allmählich das gesamte Mehl einarbeiten. Nach und nach die Milch unterrühren, bis sich ein glatter Teig bildet. Abdecken und für 30 Minuten beiseite stellen.

2 Das Öl in einer tiefen Pfanne auf 190 °C erhitzen, bis ein Brotwürfel innerhalb von 30 Sekunden darin bräunt.

3 Unterdessen das Eiweiß in einer sauberen Schüssel steif schlagen und vorsichtig unter den Teig heben.

4 Fisch und Meeresfrüchte Stück für Stück in den Teig drücken, in die Pfanne geben und 3–4 Minuten frittieren, bis sie goldbraun und knusprig sind. Die Pfanne nicht überfüllen. Die fertigen Stücke aus der Pfanne nehmen und auf Küchenpapier abtropfen lassen. Auf einen Servierteller geben und warm halten, bis alle Stücke ausgebacken sind. Mit Petersilie und Zitronenspalten garnieren und sofort servieren.

Variation

Fritto misto kann auch aus Fleisch, wie z. B. in Streifen geschnittenen Hähnchenbrustfilets, und Gemüse, wie in Scheiben geschnittenen Auberginen, Zucchini und Champignons, bestehen.

Meeresfrüchte-Eintopf Livorno

Cacciucco

Aus dem Mittelmeerhafen Livorno stammend, ist dieser großartige Eintopf das italienische Äquivalent seiner bekannteren französischen Verwandten, der Bouillabaisse. Servieren Sie ihn in tiefen Schalen.

FÜR 8 PERSONEN

450 g Hummer, frisch gekocht
350 g küchenfertiger Tintenfisch, in Ringe geschnitten (s. S. 181)
1,3 kg Seebarbenfilet, in dicke Stücke geschnitten
900 g Kabeljaufilet, in dicke Stücke geschnitten
900 g Seeteufelfilet, in dicke Stücke geschnitten
Salz und Pfeffer
150 ml Olivenöl
2 Zwiebeln, gehackt
1 Karotte, gehackt
2 Selleriestangen, gehackt
350 ml trockener Weißwein
2,2 l Wasser
400 g gewürfelte Tomaten aus der Dose
1 Lorbeerblatt
1 frische rote Chili, entkernt
1 Ciabatta oder 1 Baguette, in dünne Scheiben geschnitten
4 Knoblauchzehen, in dünne Scheiben geschnitten
900 g frische Miesmuscheln
4 frische Salbeiblätter

1 Den Hummer auf ein Küchenbrett legen und mit einem scharfen Messer längs halbieren. Das Fleisch aus jeder Schwanzhälfte ziehen und den schwarzen Darmfaden entfernen. Das Fleisch in dicke Scheiben schneiden. Die Scheren abbrechen und mit einem Fleischklopfer zerschlagen. Das Fleisch vorsichtig herauslösen. Die Schalenteile aufbewahren. Hummerfleisch, Tintenfisch und Fischfilets mit Salz und Pfeffer würzen und beiseite stellen.

2 Vier Esslöffel Öl in einer großen Pfanne erhitzen. Zwiebeln, Karotte und Sellerie zugeben und bei mittlerer Hitze unter gelegentlichem Rühren 5–6 Minuten anbräunen. 300 ml Wein, Wasser, Tomaten, Lorbeerblatt, Chili und Hummerschalen zugeben. Aufkochen, die Hitze reduzieren und 50 Minuten köcheln.

3 Unterdessen den Backofen auf 200 °C vorheizen. Die Brotscheiben auf ein Backblech legen und mit 2 Esslöffeln Öl beträufeln. 10 Minuten knusprig backen. Aus dem Ofen nehmen und mit Knoblauch einreiben. Beiseite stellen.

4 Die Brühe durch ein Sieb abseihen und die Feststoffe ausdrücken.

5 Die Muscheln unter fließend kaltem Wasser abschrubben. Beschädigte Muscheln und Muscheln, die sich beim Gegenklopfen nicht schließen, aussortieren. Die Muscheln in einen großen Topf geben, den restlichen Wein zugießen und bei starker Hitze unter gelegentlichem Rütteln des Topfes 3–5 Minuten garen. Die Muscheln abgießen, den Kochsud aufbewahren und alle geschlossenen Muscheln aussortieren.

6 Den restlichen Knoblauch fein hacken. Das restliche Öl in einem großen Topf erhitzen, Salbei und Knoblauch zugeben und 1 Minute dünsten. Den Tintenfisch zugeben und unter Rühren 2–3 Minuten goldbraun braten. Mit einem Schaumlöffel herausnehmen.

7 Fischfilets und 1,2 l Brühe in den Topf geben und aufkochen. Die Hitze reduzieren und 5 Minuten köcheln. Tintenfisch, Muscheln, Hummerfleisch und 2 Esslöffel des Kochsuds zugeben. Weitere 2 Minuten köcheln. Mit Salz und Pfeffer abschmecken und sofort mit dem Knoblauchbrot servieren.

Meeresfrüchte in Safransauce

Frutti di mare in salsa gialla

Dieser venezianische Eintopf steckt voller Aromen und sollte mit viel frischem Brot zum Auftunken der köstlichen Brühe serviert werden.

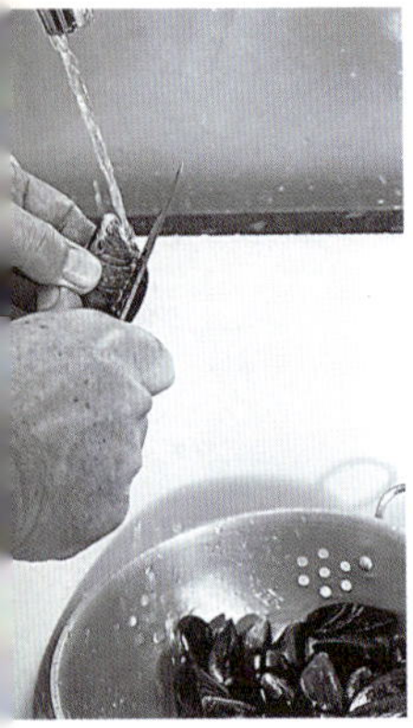

FÜR 4 PERSONEN

220 g frische Venusmuscheln
220 g frische Miesmuscheln
2 EL Olivenöl
1 Zwiebel, in Ringe geschnitten
1 Prise Safranfäden
1 EL frisch gehackter Thymian
Salz
2 Knoblauchzehen, fein gehackt
800 g gewürfelte Tomaten aus der Dose, abgetropft und gehackt
180 ml trockener Weißwein
2 l Fischfond
Salz und Pfeffer
350 g Seebarbenfilet, in mundgerechte Stücke geschnitten
450 g Seeteufelfilet, in mundgerechte Stücke geschnitten
220 g Tintenfischringe
2 EL frisch gehacktes Basilikum

1 Venus- und Miesmuscheln unter fließend kaltem Wasser abschrubben und die Bärte entfernen. Beschädigte Muscheln und Muscheln, die sich beim Gegenklopfen nicht öffnen, aussortieren. Beiseite stellen.

2 Das Öl in einer großen Kasserolle erhitzen. Zwiebel, Safran, Thymian und 1 Prise Salz zugeben. Bei schwacher Hitze unter Rühren 5 Minuten dünsten. Den Knoblauch zugeben und weitere 2 Minuten dünsten.

3 Die Tomaten zugeben, Wein und Fischfond zugießen. Mit Salz und Pfeffer abschmecken, aufkochen, abdecken und 15 Minuten köcheln.

4 Die Fischfilets zugeben und 3 Minuten köcheln. Muscheln und Tintenfischringe zugeben und 5 Minuten köcheln. Nicht geöffnete Muscheln aussortieren. Das Basilikum unterrühren und sofort servieren.

Der Markusplatz in Venedig mit Blick auf die berühmte byzantinische Basilika und den Glockenturm

Omelett mit Meeresfrüchten

Frittata di frutti di mare

Dieses nahrhafte Omelett eignet sich hervorragend für ein rasches Essen unter der Woche. Für mehrere Personen können Sie die Mengen verdoppeln und 2 Bratpfannen verwenden.

FÜR 3 PERSONEN

25 g Butter
1 EL Olivenöl
1 Zwiebel, sehr fein gehackt
180 g Zucchini, längs halbiert und in Scheiben geschnitten
1 Selleriestange, sehr fein gehackt
80 g Champignons, in Scheiben geschnitten
50 g grüne Bohnen, in 5 mm lange Stücke geschnitten
4 Eier
80 g Mascarpone
1 EL frisch gehackter Thymian
1 EL frisch gehacktes Basilikum
Salz und Pfeffer
200 g eingelegter Thunfisch, abgetropft und zerpflückt
120 g gekochte Garnelen, ausgelöst

1 Butter und Olivenöl in einer großen Pfanne mit feuerfestem Griff erhitzen. Hat die Pfanne einen Holzgriff, diesen fest mit Alufolie einwickeln. Die Zwiebel zugeben und bei schwacher Hitze unter Rühren 5 Minuten weich dünsten.

2 Zucchini, Sellerie, Pilze und Bohnen zugeben und weitere 8–10 Minuten unter Rühren dünsten, bis sie braun zu werden beginnen.

3 Die Eier mit Mascarpone, Thymian und Basilikum verquirlen und mit Salz und Pfeffer würzen.

4 Den Thunfisch in die Pfanne geben und gründlich unterrühren. Die Garnelen zugeben.

5 Die Eimischung zugießen und 5 Minuten braten, bis das Ei fest zu werden beginnt. Das Omelett an den Seiten etwas anheben, damit das noch flüssige Ei herunterlaufen kann.

6 Die Pfanne unter den vorgeheizten Backofengrill schieben und das Omelett im Ofen fest und goldbraun werden lassen. Die Frittata in Spalten schneiden und servieren.

GEMÜSE & SALATE

Interessanterweise stammen ausgerechnet die Gemüse, die uns so typisch für die italienische Küche vorkommen, wie Tomaten, Zucchini und Paprika, aus der Neuen Welt, während die Aubergine aus Asien importiert ist. Von ihren Reisen ins Unbekannte brachten Entdecker wie Christoph Kolumbus fremde Früchte mit nach Europa zurück, wo sie schließlich in italienischen Rezepten ihre ganze Köstlichkeit entfalteten.

Die meisten Gemüserezepte konzentrieren sich auf ein Gemüse, statt verschiedene Arten zu mischen. Knoblauch, manchmal Zwiebeln oder Tomaten ergänzen den Geschmack, doch wenn ein Italiener etwa gedünsteten Fenchel kocht, kann man sicher sein, dass der Fenchel die Hauptrolle spielt und so zubereitet wird, dass sein typischer Geschmack und seine Konsistenz dominieren.

Italiener behandeln ihr Gemüse mit Respekt, ja fast mit Verehrung, und degradieren es nicht zur nebensächlichen Beilage eines Hauptgerichts. Wenn zum *Secondo* ein einzelnes, einfach zubereitetes Gemüse gereicht wird, dient es mehr zur Garnierung denn als Beilage. In der Regel bildet Gemüse die Grundlage eines eigenständigen Gerichts, entweder gebacken, gedünstet oder gefüllt. Das Gemüse wird sorgfältig ausgewählt, wenn möglich täglich, denn es muss in allerbestem Zustand sein. Produkte aus der Umgebung werden bevorzugt, sodass Gemüsegerichte einen unverkennbar regionalen Charakter besitzen: Da die besten Auberginen in Kalabrien und auf Sizilien wachsen, findet man hier auch die interessantesten und leckersten Auberginenrezepte. Genauso könnte man ein ganzes Jahr lang jede Woche ein anderes neapolitanisches Gericht mit Tomaten kochen und würde immer noch neue entdecken. Viele Gemüsesorten, von Paprika über Zucchini bis zu Erbsen und Zwiebeln, wachsen natürlich im ganzen Land und werden nicht nur in Gemüsegerichten, sondern auch als schmackhafte Zutaten zu Fleisch- und Fischgerichten sowie in Pastasaucen und Füllungen verwendet.

Natürlich gibt es auch einige Zubereitungsarten, die sich für verschiedene Gemüse eignen. Eine *Agrodolce* etwa, eine süß-saure Sauce aus Wein, Balsamico-Essig und Zucker, wird gerne zu so unterschiedlichen Gemüsearten wie Zwiebeln und Artischocken genossen. Ja, so köstlich ist die *Agrodolce,* dass sie auch Fleisch, etwa Lamm oder Wild, nicht vorenthalten bleibt.

Selbstverständlich spielen in der Küche eines Landes, das mit solch sonnigen Sommern gesegnet ist, auch Salate eine Rolle, doch in Italien sind sie mehr als nur Ersatz für ein warmes Essen, wenn es dafür zu heiß ist. Salat wird manchmal als Antipasto serviert, doch genauso oft wird er nach dem *Secondo* gereicht, zur

Reinigung des Gaumens und, um wieder „Raum zum Atmen" zu schaffen. Auch dienen Salate als Beilage zu Fleisch oder Fisch. Grüner Salat, der häufig angeboten wird, enthält neben Kopfsalat meist noch weitere Blattgemüse wie Chicorée, Radicchio, Rucola und jungen Spinat oder frische Kräuter. Doch Salate werden auch mit verschiedensten anderen Zutaten zubereitet, darunter Paprika, Pilze, Tomaten, Käse, Sardellen, Zwiebeln, Orangen, Kapern und Oliven, wobei jedoch immer nur einige wenige, miteinander harmonierende Aromen in einem Gericht kombiniert werden. Ein klassisches Beispiel bietet *Insalata tricolore* (s. S. 220), die perfekte Mischung aus Mozzarella, Tomatenscheiben und frischem Basilikum.

Das Dressing ist meist eine einfache Vinaigrette aus Olivenöl und Essig oder frisch gepresstem Zitronensaft. Olivenöl extra vergine besitzt das vollste und fruchtigste Aroma und eignet sich am besten. Eine interessante Alternative bietet Walnussöl. Einst war es viel preiswerter als Olivenöl, als Walnussbäume in der ganzen Lombardei und anderen Teilen Norditaliens wuchsen. Der Walnussgeschmack passt gut zu robusten, bäuerlichen Salaten, doch das Öl ist heute leider in Italien wie anderswo sehr teuer.

Italiener behandeln ihr Gemüse mit Respekt, ja fast mit Verehrung, und degradieren es nicht zur nebensächlichen Beilage eines Hauptgerichts.

Auflauf aus Auberginen und Tomaten

Melanzane e pomodori al forno

Auberginen spielen in Süditalien und auf Sizilien eine wichtige Rolle und werden häufig mit Tomaten kombiniert, die dort ebenso gut wachsen.

FÜR 4 PERSONEN

600 g Auberginen, in 1 cm dicke Scheiben geschnitten
Salz
600 g Eiertomaten, in 1 cm dicke Scheiben geschnitten
220 ml Olivenöl
Salz und Pfeffer
60 g frisch geriebener Parmesan
2 EL frische Semmelbrösel

1 Die Auberginenscheiben in Schichten in ein Sieb legen und jede Schicht mit Salz bestreuen. Das Sieb in die Spüle stellen und 30 Minuten ziehen lassen. Unterdessen die Tomatenscheiben auf Küchenpapier auslegen und mit Küchenpapier abdecken, damit sie abtropfen können.

2 Die Auberginen gründlich unter fließend kaltem Wasser abspülen und mit Küchenpapier trockentupfen.

3 Zwei Esslöffel Öl in einer großen Pfanne erhitzen. Die Tomatenscheiben zugeben und 30 Sekunden von jeder Seite anbraten. Auf einen großen Teller legen und mit Salz und Pfeffer würzen.

4 Die Pfanne mit Küchenpapier auswischen und 2 Esslöffel des restlichen Öls erhitzen. Die Auberginenscheiben portionsweise zugeben und von beiden Seiten goldbraun braten. Auf Küchenpapier abtropfen lassen. Falls nötig, beim Braten noch etwas Öl zugeben.

5 Eine große Auflaufform mit dem restlichen Öl bestreichen. Abwechselnd Tomaten und Auberginen in die Form schichten, dabei jede Schicht mit Parmesan bestreuen. Alles mit Semmelbröseln abdecken und mit etwas Olivenöl beträufeln.

6 Den Backofen auf 180 °C vorheizen. Den Auflauf 25–30 Minuten goldbraun backen und sofort servieren.

Berninis Säulen im Herzen von Rom

Auberginen mit Mozzarella und Parmesan
Parmigiana di melanzane

Dieses Gericht passt hervorragend zu einem Brathähnchen, Schweine- oder Kalbsbraten, kann aber auch mit einem Salat als vegetarisches Hauptgericht für 4 Personen serviert werden.

FÜR 6–8 PERSONEN

3 Auberginen, in dünne Scheiben geschnitten
Olivenöl, zum Bestreichen
300 g Mozzarella di bufala, in Scheiben geschnitten
120 g frisch geriebener Parmesan
3 EL Semmelbrösel
25 g Butter, gewürfelt
frische glatte Petersilie, zum Garnieren

Tomaten-Basilikum-Sauce
2 EL Olivenöl
4 Schalotten, fein gehackt
2 Knoblauchzehen, fein gehackt
400 g gewürfelte Tomaten aus der Dose
1 TL Zucker
Salz und Pfeffer
8 frische Basilikumblätter, gezupft

1 Um den Auberginen die Bitterstoffe zu entziehen, die Auberginenscheiben in Schichten in ein Sieb legen und jede Schicht mit Salz bestreuen. Das Sieb in die Spüle stellen und 30 Minuten ziehen lassen. Die Auberginen gründlich unter fließend kaltem Wasser abspülen und mit Küchenpapier trockentupfen.

2 Den Backofen auf 200 °C vorheizen. Die Auberginenscheiben nebeneinander auf 1-2 Backbleche legen. Mit Öl bestreichen und 15–20 Minuten im Ofen weich garen.

3 Unterdessen für die Sauce das Öl in einem Topf erhitzen, die Schalotten zugeben und unter gelegentlichem Rühren 5 Minuten weich dünsten. Den Knoblauch zugeben und 1 weitere Minute dünsten. Die Tomaten mit Saft zugeben und mit einem Kochlöffel zerkleinern. Den Zucker unterrühren und mit Salz und Pfeffer abschmecken. Aufkochen, die Hitze reduzieren und 10 Minuten köcheln, bis die Sauce eingedickt ist. Das Basilikum unterrühren.

4 Eine Auflaufform mit Olivenöl bestreichen und die Hälfte der Auberginenscheiben hineinlegen. Mit der Hälfte des Mozzarellas bedecken, die Hälfte der Tomatensauce darüber geben und mit der Hälfte des Parmesans bestreuen. Den restlichen Parmesan mit den Semmelbröseln vermischen. Die Schichten wiederholen und mit der Parmesanmischung abschließen.

5 Den Auflauf mit Butterwürfeln bestreuen und 25 Minuten backen, bis der Belag goldbraun ist. Aus dem Ofen nehmen und 5 Minuten ruhen lassen. In Scheiben schneiden und mit Petersilie garniert servieren.

Kürbis in Parmesankruste

Zucca alla parmigiana

Kürbis ist in einigen Ländern, darunter auch Italien, sehr beliebt, während andere Länder dieses Gemüse komplett ignorieren. Dieses Rezept wird all diejenigen bekehren, die ihn noch nie versucht haben.

FÜR 6 PERSONEN

2 EL Olivenöl
1 Zwiebel, fein gehackt
1 Knoblauchzehe, fein gehackt
400 ml passierte Tomaten
10 frische Basilikumblätter, gezupft
2 EL frisch gehackte glatte Petersilie
1 TL Zucker
Salz und Pfeffer
2 Eier, leicht verquirlt
60 g Semmelbrösel
1,6 kg Kürbis, geschält, entkernt und in Scheiben geschnitten
60 g Butter, plus etwas mehr zum Einfetten
60 g frisch geriebener Parmesan

1 Das Öl in einem großen Topf erhitzen, Zwiebel und Knoblauch zugeben und bei schwacher Hitze 5 Minuten weich dünsten. Passierte Tomaten, Basilikum, Petersilie und Zucker zugeben, verrühren und mit Salz und Pfeffer abschmecken. 10–15 Minuten köcheln, bis die Sauce eingedickt ist.

2 Unterdessen die Eier in eine flache Schale geben und die Semmelbrösel in einer anderen Schale ausstreuen. Die Kürbisscheiben erst im Ei, dann in den Semmelbröseln wälzen. Überschüssige Semmelbrösel abschütteln.

3 Eine große Auflaufform mit Butter einfetten. Die Butter in einer großen Pfanne zerlassen. Die Kürbisscheiben portionsweise zugeben und rundum bräunen. In die Auflaufform geben. Mit der Sauce übergießen und mit Parmesan bestreuen.

4 Den Backofen auf 180 °C vorheizen. Das Gemüse 30 Minuten im Ofen backen, bis der Käse golden wird und Blasen wirft. Sofort servieren.

Die Skyline von Florenz erscheint noch heute wie in Zeiten der Renaissance.

Zwiebeln süß-sauer

Cipolline in agrodolce

Die Kombination aus süß und sauer ist in Italien für viele Nahrungsmittel von Gemüse, wie Zucchini oder Artischocken, bis zu Wild, wie Hase oder Kaninchen, eine beliebte Zubereitungsart. Diese Zwiebeln können Sie als Beilage zu Röstbraten oder Gegrilltem oder auch als Teil einer Vorspeise servieren.

FÜR 4 PERSONEN

60 g Butter
5 EL Zucker
2 EL Balsamico-Essig
125 ml Weißweinessig
650 g Perlzwiebeln
Salz und Pfeffer

1 Die Butter in einer Pfanne bei schwacher Hitze zerlassen. Den Zucker zugeben und rühren, bis er aufgelöst ist.

2 Balsamico- und Weißweinessig unterrühren, die Zwiebeln zugeben und mit Salz und Pfeffer abschmecken.

3 Abdecken und bei mittlerer Hitze 25 Minuten köcheln, bis die Zwiebeln zart und goldbraun sind. Sofort servieren.

Gedünstete Zucchini
Zucchini alla calabrese

Dieses rasch zubereitete Gemüse passt hervorragend zu gegrilltem Fleisch oder Fisch.

FÜR 4 PERSONEN

2 EL Olivenöl

2 rote Zwiebeln, gehackt

1 Knoblauchzehe, fein gehackt

5 Zucchini, in 1 cm dicke Scheiben geschnitten

150 ml Gemüsebrühe

1 TL frisch gehackter Oregano

Salz und Pfeffer

1 Das Öl in einer großen Pfanne erhitzen. Zwiebeln und Knoblauch zugeben und unter gelegentlichem Rühren bei mittlerer Hitze 5 Minuten weich dünsten.

2 Die Zucchini zugeben und unter gelegentlichem Rühren 4–5 Minuten dünsten, bis sie braun zu werden beginnen.

3 Die Brühe zugießen, den Oregano unterrühren und mit Salz und Pfeffer abschmecken. Die Hitze reduzieren und 10 Minuten köcheln, bis die Flüssigkeit verdampft ist. Sofort servieren.

Variation

Geben Sie mit den Zwiebeln in Schritt 1 noch 200 g gewürfelten Pancetta oder Speck zu.

Gedünsteter Fenchel
Finocchi stufati

In Italien wird Gemüse häufig langsam und schonend gegart, dadurch intensivieren sich die Aromen, werden aber gleichzeitig milder.

FÜR 4 PERSONEN
2 Fenchelknollen
1 EL Olivenöl
1 Zwiebel, in dünne Ringe geschnitten
2 Tomaten, gehäutet (s. S. 36) und gehackt
60 g schwarze Oliven, entsteint
150 ml Gemüsebrühe
2 EL frisch gehacktes Basilikum
Pfeffer

1 Das Fenchelgrün abschneiden, hacken und für die Garnierung beiseite legen. Die Knollen längs halbieren und in dünne Scheiben schneiden.

2 Das Öl in einer großen Pfanne erhitzen. Die Zwiebel zugeben und unter gelegentlichem Rühren bei schwacher Hitze 5 Minuten weich dünsten. Den Fenchel zugeben und unter Rühren weitere 10 Minuten mitdünsten.

3 Tomaten und Oliven zugeben und so viel Brühe zugießen, bis der Boden der Pfanne bedeckt ist. Abdecken und 20 Minuten köcheln, bis der Fenchel sehr zart ist. Das Basilikum zugeben und mit Pfeffer abschmecken. In eine vorgewärmte Servierschüssel füllen, mit Fenchelgrün garnieren und sofort servieren.

Variation

Wenn Sie den Fenchel lieber etwas knackiger mögen, lassen Sie in Schritt 3 die Brühe weg und braten den Fenchel bei mittlerer Hitze unter häufigem Rühren 10 Minuten, bevor Sie Basilikum und Pfeffer zugeben.

Bunte Paprikapfanne

Peperonata

Fast jede Region Italiens hat ihr eigenes Paprikagericht, doch dieses ist das beliebteste und bekannteste im ganzen Land.

FÜR 4 PERSONEN

5 EL Olivenöl

2 große Zwiebeln, in dünne Ringe geschnitten

1 Knoblauchzehe, fein gehackt

3 rote Paprika, entkernt und in Streifen geschnitten

3 gelbe Paprika, entkernt und in Streifen geschnitten

12 Tomaten, gehäutet (s. S. 36) und gehackt

Salz

1 EL Weißweinessig

Variation

Für eine *Peperonata alla romana* vor dem Servieren 1 Esslöffel abgetropfte Kapern unterrühren.

1 Das Olivenöl in einer schweren Pfanne erhitzen. Zwiebeln, Knoblauch und Paprika zugeben und bei schwacher Hitze unter gelegentlichem Rühren 15 Minuten braten.

2 Die Tomaten zugeben und mit Salz abschmecken. Den Essig unterrühren, abdecken und 30 Minuten köcheln. Sofort servieren.

Paprika mit Kartoffeln
Peperoni e patate

In Italien werden Kartoffeln eher mit anderem Gemüse kombiniert und selten als separate Beilage serviert. Hier führt die Mischung mit Paprika zu einem schmackhaften Gericht, das durch frische Chillies noch extra Biss erhält.

FÜR 4 PERSONEN

1 frische rote Chili, entkernt
2 Knoblauchzehen, geschält
1 Bund frische glatte Petersilie
125 ml Olivenöl
450 g fest kochende Kartoffeln, in dünne Scheiben geschnitten
2 EL heißes Wasser (nach Belieben)
450 g rote und orangefarbene Paprika, gewürfelt
Salz

1 Chili, Knoblauch und Petersilie auf einem Küchenbrett sehr fein hacken und gut vermischen. Die Hälfte des Öls in einer großen Pfanne erhitzen. Die Hälfte der Chilimischung zugeben und bei mittlerer Hitze unter ständigem Rühren 1 Minute dünsten.

2 Die Kartoffeln zugeben, die Hitze reduzieren und unter häufigem Wenden 15–20 Minuten braten.* Wenn die Kartoffelscheiben verkleben, das Wasser zugießen.

3 Unterdessen das restliche Öl in einer anderen Pfanne erhitzen, die restliche Chilimischung zugeben und bei mittlerer Hitze unter ständigem Rühren 1 Minute dünsten. Die Paprika zugeben und unter häufigem Rühren 15–20 Minuten weich dünsten.

4 Kartoffeln und Paprika in einer großen Servierschüssel vermischen, mit Salz abschmecken und sofort servieren.

** Tipp*
Wenn die Kartoffeln gar sind, die Paprika aber noch nicht, die Pfanne vom Herd nehmen und abdecken, damit die Kartoffeln warm bleiben.

Die verwinkelte Gasse eines typisch toskanischen Dorfes

Seite 208/209: *Der Petersdom in der Morgendämmerung*

Spinatklöße mit Ricotta
Gnocchi di spinaci e ricotta

Am besten schmecken diese köstlichen Klöße aus Spinat und Ricotta, wenn sie mit einer schlichten Kräuterbutter und etwas Parmesan serviert werden.

FÜR 4 PERSONEN

1 kg frischer Blattspinat, die Stiele entfernt
350 g Ricotta
120 g frisch geriebener Parmesan
3 Eier, leicht verquirlt
1 Prise frisch geriebene Muskatnuss
Salz und Pfeffer
120–180 g Mehl, plus etwas mehr zum Bestäuben

Kräuterbutter
120 g Butter
2 EL frisch gehackter Oregano
2 EL frisch gehackter Salbei

1 Den Spinat waschen und feucht in einen Topf geben. Abdecken und bei schwacher Hitze 6–8 Minuten dünsten, bis die Blätter zusammenfallen. Gründlich abgießen und abkühlen lassen.

2 So viel Wasser wie möglich aus dem Spinat drücken* und fein hacken oder in einer Küchenmaschine pürieren. Den Spinat in eine Schüssel geben, Ricotta, die Hälfte des Parmesans, Eier und Muskatnuss zugeben. Mit Salz und Pfeffer abschmecken. Alles gründlich vermischen. 120 g Mehl einarbeiten und, falls nötig, mehr Mehl zugeben, bis ein fester Teig entsteht. Mit Frischhaltefolie abdecken und für 1 Stunde kalt stellen.

3 Mit bemehlten Händen kleine Teigstücke vorsichtig zu walnussgroßen Kugeln formen. Die Klöße mit Mehl bestäuben.

4 In einem großen Topf Salzwasser zum Kochen bringen. Die Klöße zugeben und 2–3 Minuten kochen, bis sie an die Oberfläche steigen. Mit einem Schaumlöffel herausnehmen, abtropfen lassen und beiseite stellen.

5 Unterdessen für die Kräuterbutter die Butter in einer großen Pfanne zerlassen. Oregano und Salbei zugeben und bei schwacher Hitze unter Rühren 1 Minute dünsten. Die Klöße zugeben, 1 Minute mitbraten und vorsichtig in der Butter wenden. Auf einen vorgewärmten Servierteller geben, mit dem restlichen Parmesan bestreuen und servieren.

** Tipp*
Am besten legen Sie den Spinat in ein Sieb und drücken mit einem Kartoffelstampfer das Wasser heraus.

Basilikumklöße

Gnocchi alla genovese

Gnocchi werden in Italien meist als Primo *oder erster Gang serviert. Sie eignen sich aber auch als außergewöhnliche Beilage zu Fleisch oder Fisch.*

FÜR 4 PERSONEN

700 ml Milch
200 g Grießmehl
1 EL frisch gehacktes Basilikum
4 sonnengetrocknete Tomaten, abgetropft und fein gehackt
2 Eier, leicht verquirlt
60 g Butter, plus etwas mehr zum Einfetten
80 g frisch geriebener Parmesan
Salz und Pfeffer
Tomatensauce (s. S. 106), zum Servieren

1 Die Milch in einen großen Topf geben und fast bis zum Siedepunkt erhitzen. Nach und nach das Grießmehl einrühren. Die Hitze reduzieren und 2 Minuten köcheln, bis die Mischung eingedickt ist. Vom Herd nehmen.

2 Basilikum, Tomaten, Eier sowie die Hälfte von Butter und Parmesan zugeben und mit Salz und Pfeffer abschmecken. Alle Zutaten gründlich verrühren. Die Mischung in eine flache Form gießen und die Oberfläche glatt streichen. Abkühlen lassen, dann für mindestens 1 Stunde kalt stellen, bis die Mischung fest ist.

3 Eine Auflaufform leicht einfetten. Einen runden Plätzchenausstecher mit Mehl bestäuben und Kreise aus der Mehlmischung ausstechen. Die Schnittreste auf den Boden der Auflaufform geben und mit den Kreisen belegen.

4 Den Backofen auf 190 °C vorheizen. Die restliche Butter zerlassen und über die Kreise gießen. Mit dem restlichen Parmesan bestreuen. 30–35 Minuten goldbraun backen. Sofort mit der Tomatensauce servieren.

Steinpilzsalat

Insalata di funghi porcini

1 450 g der Pilze in dünne Scheiben schneiden und auf einem Servierteller anrichten. Die restlichen Pilze fein hacken.

2 Olivenöl und Knoblauch in eine Pfanne geben und 1 Minute sanft erhitzen. Den Knoblauch entfernen.

3 Die gehackten Pilze zugeben, mit Salz abschmecken, abdecken und bei schwacher Hitze 3–4 Minuten dünsten. Die Pfanne vom Herd nehmen und leicht abkühlen lassen.

4 Die warme Pilzmischung in eine Küchenmaschine oder einen Mixer geben und glatt pürieren. Die Mischung wieder in die Pfanne geben.

5 Bei schwacher Hitze die Butter Würfel für Würfel unterrühren. Die Masse darf nicht mehr kochen.

6 Unterdessen den Backofen auf 120 °C vorheizen. Den Servierteller in den Ofen schieben, bis die Pilze durchgewärmt sind.

7 Die Petersilie unter die Sauce rühren, die Sauce über die Pilze gießen und warm servieren.

Variation

Für eine schlichtere Variante können Sie die Steinpilze durch andere Wildpilze ersetzen.

Dies ist einer der extravagantesten Salate, doch jeden Euro wert. Das Haushaltsbudget der Italiener wird jedoch nicht ganz so strapaziert, da sie mutige Sammler wilder Pilze sind.

FÜR 4 PERSONEN

500 g frische Steinpilze

1 EL Olivenöl extra vergine

1 Knoblauchzehe, geschält

Salz

200 g Butter, gewürfelt

1 EL frisch gehackte glatte Petersilie

Mozzarella-Tomaten-Salat

Mozzarella alla romana

Mozzarella wird häufig in Salate gegeben. Doch dieser römische Salat ist so edel, dass er der Hauptstadt Italiens würdig ist.

FÜR 4 PERSONEN

140 g in Öl eingelegte sonnengetrocknete Tomaten (Abtropfgewicht), das Öl aufbewahren
20 g frisches Basilikum, grob gehackt
20 g frische glatte Petersilie, grob gehackt
1 EL Kapern, abgespült
1 EL Balsamico-Essig
1 Knoblauchzehe, grob gehackt
Olivenöl, falls nötig
Pfeffer
100 g gemischte Salatblätter, z. B. Feldsalat, Rucola, Blattspinat
500 g geräucherter Mozzarella, in Scheiben geschnitten

1 Sonnengetrocknete Tomaten, Basilikum, Petersilie, Kapern, Essig und Knoblauch in eine Küchenmaschine oder einen Mixer geben. 150 ml des aufbewahrten Öls abmessen, falls nötig noch etwas Olivenöl zugeben. In die Küchenmaschine oder den Mixer geben und alles glatt pürieren. Mit Pfeffer abschmecken.

2 Die Salatblätter auf 4 einzelne Teller verteilen. Mit den Mozzarellascheiben belegen und das Dressing darüber geben. Sofort servieren.

Variation
Sie können den Mozzarella auch durch Ziegenkäse oder Taleggio ersetzen.

Toskanischer Tomatensalat
Panzanella

Dieser Salat ist in ganz Italien beliebt und schmeckt am besten auf Brot vom Vortag und vor allem mit sonnengereiften Tomaten.

FÜR 4 PERSONEN
1 rote Zwiebel, in dünne Ringe geschnitten
4 Scheiben Brot vom Vortag
450 g Tomaten, in Scheiben geschnitten
120 g Mozzarella di bufala, in Scheiben geschnitten
1 EL frisch gehacktes Basilikum
Salz und Pfeffer
125 ml Olivenöl extra vergine
3 EL Balsamico-Essig
4 EL Zitronensaft
120 g schwarze Oliven, entsteint und in dünne Scheiben geschnitten

1 Die Zwiebelringe in eine Schüssel legen und mit kaltem Wasser bedecken. 10 Minuten einweichen lassen. Unterdessen das Brot in eine flache Schale mit kaltem Wasser tauchen und leicht ausdrücken. Das Brot auf einem Servierteller auslegen.

2 Die Zwiebelringe abgießen und mit Tomaten und Mozzarella auf das Brot schichten. Jede Schicht mit Basilikum, Salz und Pfeffer bestreuen.

3 Mit Olivenöl, Essig und Zitronensaft beträufeln und mit den Oliven bestreuen. Abdecken und vor dem Servieren für mindestens 8 Stunden kalt stellen.

Ein typisch toskanisches Bergdorf

Drei-Farben-Salat

Insalata tricolore

In den Farben der italienischen Flagge – grünes Basilikum, weißer Mozzarella, rote Tomaten – präsentiert sich dieser Salat, der in ganz Italien und über dessen Grenzen hinaus beliebt ist.

FÜR 4 PERSONEN

280 g Mozzarella di bufala, abgetropft und in dünne Scheiben geschnitten
8 Eiertomaten, in dünne Scheiben geschnitten
Salz und Pfeffer
20 frische Basilikumblätter
125 ml Olivenöl extra vergine

1 Käse- und Tomatenscheiben auf 4 einzelnen Tellern anrichten und mit Salz würzen. Für 30 Minuten kalt stellen.

2 Die Basilikumblätter auf dem Salat verteilen und mit Olivenöl beträufeln. Mit Pfeffer würzen und sofort servieren.

Variation

Es gibt zahlreiche Variationen dieses Salates. Geben Sie 24 entsteinte schwarze Oliven und 5 abgetropfte und fein gehackte Sardellenfilets in Schritt 2 zu. Alternativ können Sie 2 Avocados schälen, halbieren und entkernen. Schneiden Sie das Fruchtfleisch quer in Scheiben und arrangieren Sie diese in Schritt 2 auf Tomaten und Mozzarella. Sie können auch je 1 kleine weiße und rote Zwiebel in Ringe schneiden und diese in Schritt 2 vor dem Basilikum auf den Salat geben.

Rucola mit Artischocken

Insalata di carciofi e rucola

Für diesen einfachen toskanischen Salat werden kleine, junge Frühsommerartischocken verwendet. Sie können jedoch auch größere Artischocken nehmen, sollten dann aber die härteren, äußeren Teile entfernen.

FÜR 4 PERSONEN

8 kleine Artischocken
Saft von 2 Zitronen
1 Bund Rucola
125 ml Olivenöl extra vergine
Salz und Pfeffer
120 g Pecorino

1 Die Stiele der Artischocken wegbrechen und am oberen Ende je nach Größe der Artischocken ca. 2,5 cm wegschneiden. Alle härteren äußeren Blätter entfernen. Nur die weichen, zarten Blätter werden verwendet. Mit einem Teelöffel die haarige Masse aus den Artischocken entfernen. Die Artischocken mit etwas Zitronensaft einreiben, damit sie sich nicht verfärben.

2 Die Artischocken in dünne Scheiben schneiden und in eine Salatschüssel legen. Rucola, Zitronensaft und Olivenöl zugeben und mit Salz und Pfeffer abschmecken. Alles gründlich vermischen.

3 Mit einem Gemüseschäler den Pecorino dünn über den Salat hobeln und sofort servieren.

Variation

Wenn Sie nur große Artischocken finden, diese zunächst 15 Minuten in kochendem Salzwasser garen, dann unter fließend kaltem Wasser abschrecken und in Scheiben schneiden.

Eine Häuserfassade am Ufer des Comer Sees

Nudelsalat mit Paprika

Insalata di peperoni arrostiti

Der wahre Italiener ist die Nudeln vor dem Hauptgericht, und er isst sie heiß. Allerdings hat die Touristenindustrie so einige Kompromisse ins Land gebracht – und sei es auch nur für diejenigen, die nicht das Glück hatten, in Italien geboren zu sein.

FÜR 4 PERSONEN

1 rote Paprika
1 orangefarbene Paprika
280 g Conchiglie
5 EL Olivenöl extra vergine
2 EL Zitronensaft
2 EL Pesto (s. S. 36)
1 Knoblauchzehe
3 EL frisch gezupftes Basilikum
Salz und Pfeffer

1 Die ganzen Paprika auf ein Backblech legen und unter dem vorgeheizten Grill 15 Minuten grillen, dabei häufig wenden, bis sie rundum gebräunt sind. Die Schoten in eine Schüssel legen, mit Folie abdecken und beiseite stellen.

2 Unterdessen in einem großen Topf Salzwasser zum Kochen bringen. Die Nudeln zugeben, erneut aufkochen und 8–10 Minuten kochen, bis sie gar, aber noch bissfest sind.

3 Olivenöl, Zitronensaft, Pesto und Knoblauch in einer Schüssel gründlich verrühren. Die Nudeln abgießen und noch heiß mit der Pestomischung verrühren. Beiseite stellen.

4 Von den abgekühlten Paprika die Haut abziehen, die Paprika aufschneiden und die Kerne entfernen. Das Fruchtfleisch grob hacken und mit dem Basilikum zu den Nudeln geben. Mit Salz und Pfeffer abschmecken und alles gut vermengen. Bei Zimmertemperatur servieren.

Variation

Auf dieselbe Weise können Sie einen traditionellen Salat ohne die Nudeln zubereiten. Die Paprika 10 Minuten grillen, 4 Tomaten zugeben und weitere 5 Minuten grillen. Die Paprika abdecken und wie in Schritt 4 häuten und hacken. Die Tomaten häuten und hacken. Das Gemüse mit dem Dressing vermengen und mit schwarzen Oliven garnieren.

DESSERTS, GEBÄCK & GETRÄNKE

Rom ist für sein Eis berühmt, Florenz für Zabaglione und ganz Süditalien für seine klebrigen, honigsüßen Desserts. Normalerweise sparen Italiener sich zu Hause den süßen Nachtisch, doch wenn sie einen besonderen Anlass zu feiern haben, bereiten sie ihre Desserts mit Stil zu. Um die Sache abzurunden, leiten sie ihr italienisches Mahl mit einem köstlichen Cocktail ein und beschließen es mit einem wundervollen Espresso.

Alltägliche Mahlzeiten schließen in Italien mit frischem Obst, vielleicht etwas Käse, doch zu besonderen Anlässen kommen Desserts auf den Tisch. Oft sind das raffinierte Konditorwaren aus der nächsten *Pasticceria* oder köstliche Eiscreme aus der *Gelateria*. Ein Eiscafé in Rom stellt das angeblich beste Eis der Welt her und verkauft über 200 verschiedene Sorten.

Es gibt jedoch auch hausgemachte italienische Desserts, die üppig und kunstvoll genug sind, um ein besonderes Essen würdig abzuschließen. *Tiramisù* (s. S. 238), eine reichhaltige Kombination aus Mascarpone, Biskuits, Espresso, Likör und Kakao, hat seit seiner Erfindung in den 1970er-Jahren die Welt erobert, nicht zuletzt, weil es so einfach zuzubereiten ist. Eiscreme selbst zu machen, ist recht zeitaufwändig, doch ein *Semifreddo* (s. S. 250) oder eine *Granita al limone* (s. S. 251) bieten mit wenig Aufwand überzeugende Alternativen. Einige der traditionellen Nachspeisen erfordern da schon ein wenig mehr Geschick und Übung. Die anscheinend einfache *Zabaglione* (s. S. 239) etwa muss exakt bis zur richtigen cremigen Steife geschlagen und dann sofort serviert werden.

Viele der köstlichsten Desserts stammen aus Süditalien, aus Sizilien und Sardinien – kein Wunder, bei der Fülle an Obst, Nüssen und Honig, die in diesen Landesteilen produziert werden. *Cassata alla siciliana* (s. S. 248) zum Beispiel ist ein Biskuitkuchen mit einer üppigen Füllung aus Ricotta, Kirschlikör, kandierten Früchten und Schokolade, überzogen mit Sahne.

Backen zählt nicht zu den Hauptbeschäftigungen in italienischen Küchen, denn Bäckereien und Konditoreien gibt es in jeder Stadt und jedem Dorf. Der Großteil bleibt also den Spezialisten überlassen, doch manche backen auch gerne hin und wieder einen Käse- oder einen Schokoladenkuchen. Allerdings gibt es keinen Grund, warum sich leidenschaftliche Hobbybäcker nicht auch einmal an etwas anspruchsvolleren Rezepten versuchen sollten, etwa an *Panforte di Siena* (s. S. 242), dem traditionellen Weihnachtskuchen aus Siena.

Italien ist der größte Weinproduzent der Welt, und zu den meisten Mahlzeiten wird Wein getrunken. Es gibt einige italienische Biersorten und eine Reihe beliebter Aperitifs sowie Liköre und Schnäpse, die zum Espresso nach dem Essen getrunken werden. Die Italiener haben zwar kein „Nationalgetränk", wie etwa die Spanier ihre *Sangria*, doch viele international bekannte Cocktails basieren auf italienischen Zutaten. Italienischer Wermut taucht in zahlreichen Mixgetränken auf, obwohl der Dry Martini nicht nach der berühmten Marke benannt ist, sondern nach seinem Erfinder Martini de Anna de Toggia. Der Campari, den die Campari-Brüder erstmals im 19. Jahrhundert in Mailand herstellten, ist schon durch seine wunderbare rote Farbe für Cocktails prädestiniert, darunter der elegante *Negroni* (s. S. 253). Der goldgelbe Kräuterlikör Galliano, ebenfalls aus der

Ein Eiscafé in Rom stellt das angeblich beste Eis der Welt her und verkauft über 200 verschiedene Sorten

Lombardei, wird in mehreren modernen Cocktails verwendet, so im Harvey Wallbanger. Amaretto, der aus Aprikosenkernen hergestellt wird und nach Mandeln schmeckt, ist ebenfalls eine beliebte Zutat in Mixgetränken, darunter Godfather (mit Scotch), Godmother (mit Wodka) und noch einige andere Mitglieder der Sippe. Doch die vielleicht köstlichste und angenehmste Art, Amaretto zu servieren – außer pur als Likör –, ist im *Espresso Amaretto* (s. S. 252).

Aus italienischen Trauben wird ein sehr charaktervoller Wein gewonnen. Hier werden die Trauben getrocknet, um die Inhaltsstoffe der Beeren zu konzentrieren.

Seite 230/231: *Kunstvoll gestaltete Fensteröffnungen und Eisenbalkone sind typisch für viele noble italienische Gebäude.*

Ricottakuchen
Crostata di ricotta

Dieser köstliche Käsekuchen bestätigt die Aussage, dass die besten Desserts Italiens aus Sizilien kommen.

FÜR 6–8 PERSONEN

Boden

180 g Mehl, plus etwas mehr zum Bestäuben
3 EL Zucker
Salz
120 g Butter, gewürfelt
1 Eigelb

Füllung

450 g Ricotta
125 g Crème double
2 Eier, plus 1 Eigelb
80 g Zucker
abgeriebene Schale von 1 Zitrone
abgeriebene Schale von 1 Orange

1 Für den Boden Mehl und Zucker auf eine Arbeitsfläche sieben und in der Mitte eine Mulde formen. Gewürfelte Butter und Eigelb hineingeben und mit den Fingerspitzen nach und nach mit der Mehlmischung zu einem Teig verarbeiten.

2 Den Teig vorsichtig durchkneten. Ein Viertel des Teiges abtrennen, in Frischhaltefolie einwickeln und in den Kühlschrank stellen. Eine Springform (26 cm Durchmesser) mit dem restlichen Teig auslegen und für 30 Minuten kalt stellen.

3 Für die Füllung Ricotta, Crème double, Eier und das dritte Eigelb sowie die Zitrusschalen gut vermischen. Mit Frischhaltefolie abdecken und bis zum Bedarf kalt stellen.

4 Den Backofen auf 190 °C vorheizen. Den Kuchenboden mehrfach mit einer Gabel einstechen, mit Alufolie abdecken und mit Backbohnen beschweren. 15 Minuten im Ofen blind backen.

5 Den Kuchen aus dem Ofen nehmen, auf einen Kuchenrost stellen und abkühlen lassen.

6 Die Ricottamischung auf dem Kuchenboden verteilen und die Oberfläche glatt streichen. Den restlichen Teig auf einer leicht bemehlten Oberfläche ausrollen und in Streifen schneiden. Die Streifen gitterförmig auf dem Kuchen anrichten und die überlappenden Enden zum Festkleben mit etwas Wasser bestreichen.

7 Den Kuchen 30–35 Minuten bei 190 °C backen, bis er goldbraun und die Füllung fest geworden ist. Abkühlen lassen, dann erst die Springform öffnen. In Portionen schneiden und servieren.

Kastanienmousse

Spuma di castagne

Kastanien spielen in der toskanischen und sardischen Küche eine bedeutende Rolle, aber auch in der ligurischen Küche sind sie zu finden.

FÜR 6 PERSONEN

450 g Esskastanien
300 ml Milch
1 Lorbeerblatt
5-cm-Stück Zimt
180 g Zucker
2 große Eigelb
2–3 Tropfen Vanillearoma
4 EL dunkler Rum
150 g Sahne, plus etwas mehr zum Garnieren
Butter, zum Einfetten

1 Mit einem scharfen Messer jede Kastanie an der runden Seite einschneiden und in einen großen Topf geben. Mit kaltem Wasser bedecken und aufkochen. Die Kastanien 5 Minuten kochen und mit einem Schaumlöffel herausnehmen. Wenn Sie etwas abgekühlt sind, die Schalen und die weiße Haut abziehen.

2 Die Kastanien in einen großen Topf geben und die Milch zugießen. Lorbeerblatt, Zimt und die Hälfte des Zuckers zugeben. Aufkochen und unter Rühren den Zucker lösen. Die Hitze reduzieren, abdecken und unter gelegentlichem Rühren 40 Minuten köcheln, bis die Kastanien sehr weich sind. Den Topf vom Herd nehmen und zum Abkühlen beiseite stellen.

3 Lorbeerblatt und Zimtstange entfernen. Die Kastanienmischung in eine Küchenmaschine oder einen Mixer geben und glatt pürieren. Alternativ die Mischung durch ein Sieb streichen oder durch eine Gemüsemühle passieren.

4 Eigelb und restlichen Zucker schaumig aufschlagen. Vanillearoma und Rum unterrühren und vorsichtig unter das Kastanienpüree heben.

5 Die Sahne in einer sauberen Schüssel steif schlagen und vorsichtig unter das Kastanienpüree heben.

6 Den Backofen auf 180 °C vorheizen. 6 Pudding- oder Ramequin-Förmchen mit Butter einfetten und mit der Kastanienmischung füllen. Die Förmchen auf ein Backblech stellen und 10–15 Minuten backen, bis die Masse fest geworden ist.

7 Vor dem Servieren auf Zimmertemperatur abkühlen lassen. Die Förmchen auf individuelle Teller stürzen und einen Sahnerand aufspritzen.

Mascarponecreme
Crema di mascarpone

Reichhaltig und edel ist dieses Dessert der perfekte Abschluss einer besonderen Mahlzeit.

FÜR 4 PERSONEN
120 g Amaretti, zerkrümelt*
4 EL Amaretto oder Maraschino
4 Eier, getrennt
60 g Zucker
220 g Mascarpone
geröstete Mandelblättchen, zum Garnieren

1 Die Amarettikrümel in eine Schüssel geben, mit Amaretto oder Maraschino vermengen und zum Einweichen beiseite stellen.

2 Unterdessen Eigelb und Zucker schaumig aufschlagen. Mascarpone und Kekskrümel sorgfältig unterheben.

3 Das Eiweiß in einer sauberen Schüssel steif schlagen und unter die Käsemischung heben. Die Mascarponecreme auf 4 Dessertschalen verteilen und für 1–2 Stunden kalt stellen. Vor dem Servieren mit Mandelblättchen garnieren.

** Tipp*
Am besten legen Sie die Amaretti zum Zerkrümeln in einen Gefrierbeutel und schlagen mit einem Nudelholz darauf.

Kaffeecreme mit Schokolade

Tiramisù

Dieses beliebte Dessert ist eine relativ neue Erfindung und stammt aus den 1970ern, erreichte jedoch rasch weltweite Berühmtheit. Der Name bedeutet: „Zieh mich hoch." Es ist jedoch unklar, ob dies dem köstlichen Geschmack zu verdanken ist, der den Körper erfrischt, oder ob erwartet wird, dass man schon vor lauter Vorfreude ohnmächtig zu Boden sinkt und von dort hochgezogen werden muss.

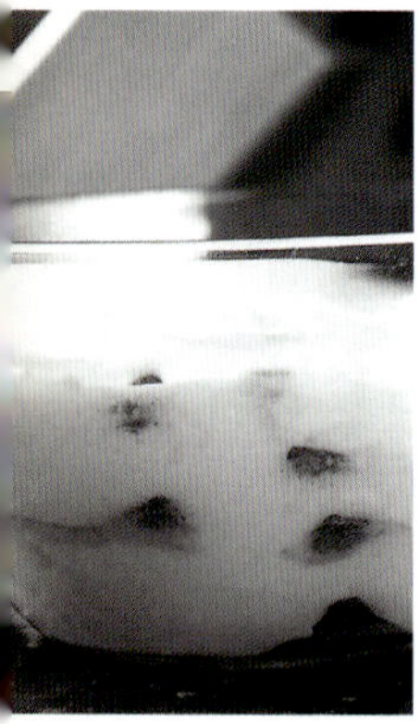

FÜR 6 PERSONEN

2 Eier, getrennt, plus 2 Eigelb
100 g Zucker
5 Tropfen Vanillearoma
500 g Mascarpone
180 ml Espresso
125 ml Kahlùa, Tìa Maria, Rum oder Weinbrand
24 Löffelbiskuits
2 EL Kakaopulver
2 EL fein geriebene Schokolade

1 Die 4 Eigelb, Zucker und Vanillearoma in eine hitzebeständige Schüssel geben und diese auf einen Topf mit leicht köchelndem Wasser stellen. Die Mischung ständig schlagen, bis sie hell wird und sich beim Anheben des Mixers steife Spitzen bilden. Die Schüssel aus dem Wasserbad nehmen und vollständig abkühlen lassen. Hin und wieder aufschlagen, damit sich keine Haut bildet.

2 Den Mascarpone unter die abgekühlte Eigelbmischung rühren, bis alles gut vermischt ist. In einer sauberen Schüssel das Eiweiß steif schlagen und vorsichtig unter die Ei-Mascarpone-Mischung heben.

3 Kaffee, Likör, Rum oder Weinbrand in einer flachen Schale verrühren. Einige Löffelbiskuits einzeln kurz in die Mischung tauchen und einmal wenden. Sie dürfen nicht zerfallen. Die Biskuits auf dem Boden einer Servierschale auslegen.

4 Ein Drittel der Creme darüber geben und glatt streichen. Weitere Biskuits in die Kaffeemischung tauchen und die Schichten wiederholen. Mit der Mascarponecreme abschließen und die Oberfläche glatt streichen. Für mindestens 1 Stunde, am besten über Nacht, kalt stellen.

5 Kurz vor dem Servieren das Kakaopulver über das Dessert sieben und mit der Schokolade bestreuen.

Weinschaum

Zabaglione

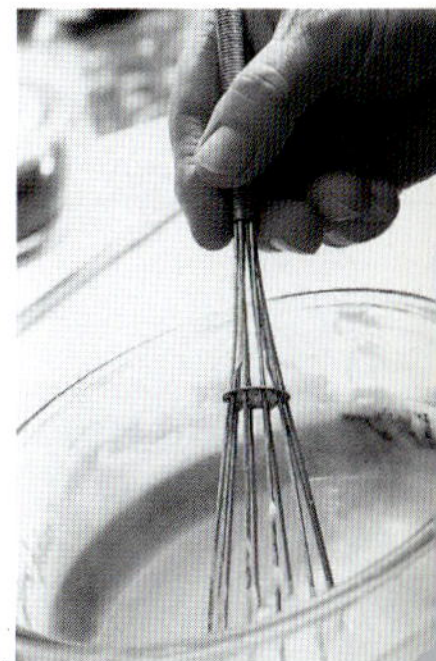

Dieses weltberühmte Dessert verdankt seinen Namen dem neapolitanischen Wort zapillare, *das so viel wie „aufschäumen" bedeutet und die gewünschte Textur genauestens beschreibt. Es ist nicht ganz einfach, das Eigelb zu Schaum zu schlagen, ohne dass es gerinnt, aber sicherlich der Mühe wert.*

FÜR 4 PERSONEN
4 Eigelb
60 g Zucker
5 EL Marsala
Amaretti, zum Servieren

1 Eigelb und Zucker in einer hitzebeständigen Schüssel 1 Minute aufschlagen.

2 Den Marsala vorsichtig unterrühren. Die Schüssel in einen Topf mit köchelndem Wasser stellen und 10–15 Minuten kräftig schlagen, bis die Mischung dick, cremig und schaumig wird.

3 Sofort in Dessertschalen gießen und mit Amaretti servieren.

Variation
Sie können auch andere Alkoholika wie Champagner, Sauternes oder Madeira sowie ebenfalls Chartreuse bzw. Cointreau für dieses Dessert verwenden. Sie können auch Weißwein und Weinbrand oder Rum und Maraschino mischen und zugeben.

Mandelkuchen

Torta di mandorle

Diesen Kuchen können Sie mit Obst als Dessert servieren oder an einem gemütlichen Vormittag mit einer schlichten Tasse Kaffee genießen. Die Verwendung von Kartoffelmehl ist das Geheimnis dieser herrlich lockeren Textur.

ERGIBT 1 KUCHEN

Butter, zum Einfetten
3 Eier, getrennt
140 g Zucker
60 g Kartoffelmehl
140 g Mandeln, blanchiert, geschält und fein gehackt
abgeriebene Schale von 1 Orange
135 ml Orangensaft
Salz
Puderzucker, zum Bestäuben

1 Eine Springform (20 cm Durchmesser) großzügig einfetten. Eigelb und Zucker in einer großen Schüssel schaumig aufschlagen, bis sich beim Anheben des Mixers kleine Spitzen bilden. Kartoffelmehl, Mandeln, Orangenschale und Orangensaft unterrühren.

2 Das Eiweiß mit einer Prise Salz in einer anderen Schüssel steif schlagen und vorsichtig unter die Eigelbmischung heben.

3 Den Backofen auf 160 °C vorheizen. Die Mischung in die Springform füllen und 50–60 Minuten im Ofen backen, bis der Kuchen goldbraun ist und bei leichtem Druck nachgibt. Auf ein Kuchengitter stürzen und abkühlen lassen. Mit Puderzucker bestäuben und servieren.

Kanal in einem typisch venezianischen Hinterhof

Toskanischer Weihnachtskuchen
Panforte di Siena

Keine Würdigung der italienischen Küche darf diesen weihnachtlichen Gewürzkuchen ignorieren. Schneiden Sie ihn in kleine Portionen, da er sehr sättigend ist.*

FÜR 12–14 PERSONEN
120 g Haselnüsse
120 g Mandeln
60 g kandierte gemischte Früchte
60 g getrocknete Aprikosen, fein gehackt
60 g kandierte Ananas, fein gehackt
abgeriebene Schale von 1 Orange
60 g Mehl
2 EL Kakaopulver
1 TL gemahlener Zimt
¼ TL gemahlener Koriander
¼ TL frisch geriebene Muskatnuss
¼ TL gemahlene Gewürznelken
120 g Zucker
180 g Honig
Puderzucker, zum Bestäuben

1 Den Backofen auf 180 °C vorheizen. Eine Springform (20 cm Durchmesser) mit Backpapier auslegen. Die Haselnüsse auf einem Backblech ausbreiten und 10 Minuten goldbraun rösten. Die Nüsse auf ein Küchentuch geben und die Haut abreiben. Unterdessen die Mandeln auf dem Backblech ausbreiten und 10 Minuten goldbraun rösten. Achtung, sie können leicht verbrennen. Eventuell nach 7 Minuten die Temperatur auf 170 °C reduzieren. Alle Nüsse hacken und in eine große Schüssel geben.

2 Kandierte Schalen, Aprikosen, Ananas und Orangenschale zugeben und alles gut vermischen. Mehl, Kakaopulver, Zimt, Koriander, Muskat und Nelken in die Schüssel sieben und alles gut vermischen.

3 Zucker und Honig in einen Topf geben und bei schwacher Hitze rühren, bis der Zucker aufgelöst ist. Aufkochen und 5 Minuten kochend eindicken. Die Nussmischung in den Topf geben, rühren und vom Herd nehmen.

4 Die Masse in eine Springform (20 cm Durchmesser) geben und mit einem feuchten Löffelrücken glatt streichen. Die Masse 1 Stunde im Ofen backen, dann in der Form abkühlen lassen.

5 Den Kuchen vorsichtig aus der Form heben und das Backpapier abziehen. Vor dem Servieren mit Puderzucker bestäuben und in Stücke schneiden.

** Tipp*
Dieser Kuchen hält sich bis zu 2 Wochen. Lagern Sie ihn luftdicht verpackt.

Seite 244/245: *Mailänder Dom*

Gefüllte Pfirsiche
Pesche ripiene alla piemontese

Pfirsiche wachsen in ganz Italien, und dieses Rezept stammt aus Piemont im Nordwesten des Landes.

FÜR 6 PERSONEN

60 g Butter, plus etwas mehr zum Einfetten
6 große Pfirsiche*
25 g gemahlene Mandeln
60 g Amaretti, grob zerdrückt
1 EL Amaretto
½ TL geriebene Zitronenschale
1 TL Kakaopulver
2 TL Puderzucker
220 ml halbtrockener Weißwein

1 Eine Auflaufform leicht einfetten. Die Pfirsiche halbieren und den Kern entfernen. Die Pfirsichhälften leicht aushöhlen und das Fruchtfleisch in eine Schüssel geben.

2 Mandeln, Amaretti, Amaretto, Zitronenschale und die Hälfte der Butter in die Schüssel geben und alles mit einer Gabel zerdrücken. Die Pfirsichhälften mit dieser Mischung füllen und in die Auflaufform stellen.

3 Den Backofen auf 180 °C vorheizen. Die Pfirsiche mit der restlichen Butter belegen, mit Kakao und Puderzucker bestreuen. Den Wein in die Form gießen. Die Pfirsiche 30 Minuten goldbraun backen. Sofort servieren.

** Tipp*
Versuchen Sie, weiße Pfirsiche zu kaufen, sie sind besonders süß und saftig. Achten Sie darauf, dass die Früchte wirklich reif sind.

Kirschen in Marsala

Ciliege al Marsala

Dies ist ein beliebtes venezianisches Gericht aus Morellokirschen, eine Sorte, die in Italien sehr gut gedeiht.

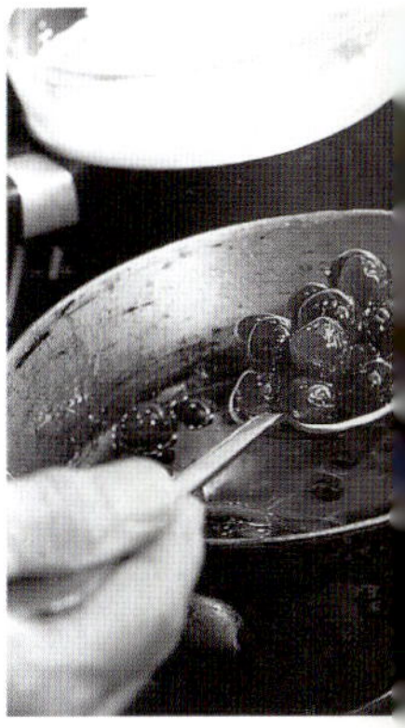

FÜR 4 PERSONEN

140 g Zucker
Schale von 1 Zitrone, in dünne Streifen geschnitten
5-cm-Stück Zimt
220 ml Wasser
220 ml Marsala
900 g Morellokirschen, entsteint
150 g Sahne

1 Zucker, Zitronenschale, Zimt, Wasser und Marsala in einen Topf geben und unter ständigem Rühren aufkochen. Die Hitze reduzieren und 5 Minuten köcheln. Die Zimtstange entfernen.

2 Die Kirschen zugeben, abdecken und 10 Minuten köcheln. Die Kirschen mit einem Schaumlöffel herausnehmen und in eine Schüssel geben.

3 Den Topf wieder auf den Herd geben und bei starker Hitze aufkochen. 3–4 Minuten kochen, bis ein dicker Sirup entsteht. Den Sirup über die Kirschen gießen und zum Abkühlen beiseite stellen. Für mindestens 1 Stunde kalt stellen.

4 Die Sahne steif schlagen. Kirschen und Sirup auf 4 Dessertschalen verteilen, die Sahne darauf geben und servieren.

Variation

Ersetzen Sie den Marsala durch einen vollmundigen Rotwein.

Sizilianischer Eiskuchen

Cassata alla siciliana

Nirgendwo in Italien gibt es so aufwändige Desserts wie in Sizilien. Während eine Cassata, was so viel wie „Ziegelstein" bedeutet und sich auf die Form des Desserts bezieht, bereits der Inbegriff für eine luxuriöse Eiscreme ist, ist dieses Konfekt noch köstlicher und beeindruckender.

FÜR 4 PERSONEN

Kuchen

6 Eier, getrennt
200 g Zucker
80 g Mehl
80 g Maismehl
1 TL Backpulver

Füllung

500 g Ricotta
200 g Zucker
600 ml Maraschino*
80 g Blockschokolade
200 g kandierte Früchte, gewürfelt
300 g Sahne

Garnierung

Cocktailkirschen, kandierte Früchte und glasierte Mandeln

1 Eine Springform (26 cm Durchmesser) für den Kuchen mit Backpapier auslegen.

2 Eigelb und Zucker schaumig aufschlagen. Das Eiweiß in einer sauberen Schüssel steif schlagen. Das Eiweiß vorsichtig unter die Eigelbmischung heben.

3 Den Backofen auf 180 °C vorheizen. Mehl, Maismehl und Backpulver in die Eimasse sieben und gründlich einarbeiten. Die Mischung in die Springform geben und glatt streichen. 30 Minuten im Ofen backen. Den Kuchen auf ein Kuchengitter stürzen und vollständig abkühlen lassen.

4 Für die Füllung Ricotta, Zucker und 400 ml Maraschino in einer Schüssel gründlich vermischen. Die Schokolade hacken und mit den kandierten Früchten in die Mischung rühren.

5 Den Kuchen in 1 cm dicke Scheiben schneiden und Boden und Seiten einer Kastenform (900 g Inhalt) damit auslegen. Die restlichen Scheiben beiseite legen.

6 Die Ricottamischung in die Kastenform füllen und die Oberfläche glatt streichen. Mit den restlichen Kuchenscheiben abdecken und mit dem restlichen Maraschino beträufeln. Über Nacht kalt stellen.

7 Mit einem Palettenmesser den Kuchen von den Seiten lösen und auf einen Servierteller stürzen. Die Sahne steif schlagen. Den Kuchen oben und an den Seiten mit Sahne bestreichen und mit Cocktailkirschen, kandierten Früchten und Mandeln garnieren.

** Tipp*

Maraschino ist ein süßer, farbloser Likör aus fermentierten bitteren Maraschinokirschen. Nach Belieben können Sie auch Cointreau verwenden.

Geeistes Schokoladendessert
Semifreddo al cioccolato

Die Vielfalt an italienischem Eis, an Sorbets und Wassereis ist atemberaubend groß. Diese köstliche Spezialität ist „halbgefroren" – eine Kreuzung aus Mousse und Eiscreme.

FÜR 4–6 PERSONEN

220 g Mascarpone
2 EL fein gemahlene Kaffeebohnen
25 g Puderzucker
80 g Blockschokolade, fein gerieben
350 g Sahne, plus etwas mehr zum Garnieren
Marsala, zum Servieren

1 Mascarpone, Kaffee und Puderzucker gründlich miteinander verrühren.

2 Vier Teelöffel der geriebenen Schokolade beiseite stellen. Die restliche Schokolade mit 5 Esslöffeln flüssiger Sahne unter die Käsemischung rühren.

3 Die restliche Sahne steif schlagen. 1 Esslöffel der Käsemischung mit der Sahne verrühren, dann den Rest der Mischung vorsichtig unterheben.

4 Die Mischung in eine Gefrierdose füllen und für 3 Stunden ins Tiefkühlfach* stellen.

5 Das Schokoladendessert auf einzelne Dessertschalen verteilen und mit etwas Marsala beträufeln. Mit etwas geschlagener Sahne und der restlichen Schokolade garnieren. Sofort servieren.

** Tipp*

Das Dessert darf nicht zu lange gefrieren, sonst verliert es seine cremige Textur.

Zitronengranita

Granita al limone

Halb kaltes Getränk, halb Sorbet ist diese erfrischende Granita mit Zitrusgeschmack das perfekte Dessert an einem heißen Sommertag. Sie können sie aber auch zwischen den Gängen servieren.

FÜR 4 PERSONEN

450 ml Wasser

120 g Zucker

220 ml Zitronensaft

abgeriebene Schale von 1 Zitrone

1 Das Wasser bei schwacher Hitze erwärmen. Den Zucker zugeben und unter Rühren auflösen. Aufkochen, den Topf vom Herd nehmen und den Sirup zum Abkühlen beiseite stellen.

2 Zitronensaft und -schale unterrühren. Die Mischung in eine Gefrierdose füllen und für 3–4 Stunden ins Tiefkühlfach stellen.

3 Die Gefrierdose kurz in heißes Wasser stellen und den Eisblock herausnehmen. Grob zerkleinern und dann in einer Küchenmaschine* mixen, bis er nur noch aus kleinen Kristallen besteht. In große Gläser füllen und sofort servieren.

Variationen

Sie können die Granita mit verschiedenen Früchten, wie Orangen, Mandarinen, Grapefruits oder Mangos zubereiten. Variieren Sie schlicht den Saft in Schritt 2. Sie können auch 1 Spritzer Likör oder Kräuter, wie z. B. Zitronengras, zugeben (vor dem Einfrieren durch ein Sieb seihen). Auch Kaffeegranita mit Espresso anstelle des Fruchtsaftes schmeckt – mit oder ohne Likör – köstlich.

**Tipp*

Ein einfacher Mixer genügt nicht, um das Eis zu zerkleinern, da es sehr hart ist. Wir empfehlen eine hochwertige Küchenmaschine.

Kaffee mit Amaretto
Espresso Amaretto

Eine köstliche Variante des Irish Coffee! Amaretto ist ein süßer, nach Mandeln schmeckender Likör aus Aprikosenkernen. Er kann pur genossen werden, bildet aber auch die Basis zahlreicher berühmter Cocktails (s. Variation).

FÜR 1 PERSON
30 ml Amaretto
1 Tasse Espresso
1 EL Sahne

1 Den Amaretto in den Kaffee gießen und gründlich verrühren, bis sich die Aromen verbunden haben.

2 Einen Teelöffel mit der abgerundeten Seite nach oben so über die Tasse halten, dass er gerade die Oberfläche des Kaffees berührt. Die Sahne langsam über den Löffel gießen, damit sie auf dem Kaffee verbleibt. Sofort servieren.

Variation
Für einen Godfather 50 ml Whisky und 30 ml Amaretto in ein mit Eiswürfeln gefülltes Glas geben. Verrühren und servieren. Für einen Amaretto Rose 30 ml Amaretto und 1 Teelöffel Lime Cordial in ein mit Eiswürfeln gefülltes Glas geben. Mit Soda- oder Mineralwasser auffüllen.

Negroni
Negroni

Dieser aristokratische Cocktail wurde in der florentinischen Bar „Giacosa" von Graf Negroni erfunden. Seine Farbe verdankt er dem köstlich bitteren Campari, der von den gleichnamigen Brüdern im 19. Jahrhundert erfunden und noch immer von derselben Familie produziert wird. Campari wird oft schlicht mit Soda getrunken, kann aber auch zu köstlichen Cocktails gemixt werden.

FÜR 1 PERSON
Eiswürfel
30 ml Campari
30 ml trockener Gin
30 ml süßer italienischer Wermut

1 Die Eiswürfel in einen Cocktailshaker geben. Campari, Gin und Wermut zugeben und kräftig schütteln.

2 Den Cocktail in ein Cocktailglas abseihen und sofort servieren.

Variation
Für einen Americano Eiswürfel in einen Shaker geben. Je 30 ml Campari und süßen Wermut zugießen, schütteln und in ein großes Glas abseihen. Mit Soda- oder Mineralwasser auffüllen und mit einer Orangenscheibe garnieren. Für einen After One Eiswürfel in einen Shaker geben, je 30 ml Campari, trockenen Gin, süßen Wermut und Galliano zugießen. Schütteln und in ein Cocktailglas abseihen.

Register